W0004086

RÉCITS DES FRICHES
ET DES BOIS

Henri Vincenot

RÉCITS DES FRICHES ET DES BOIS

Inédits (1930-1942)

Préface de Claudine Vincenot

Éditions Anne Carrière

Du même auteur :

AUX ÉDITIONS DENOËL

Je fus un saint, 1953 (épuisé)
Walter ce boche, mon ami, 1954
La Pie saoule, 1956
Les Yeux en face des trous, 1959 (épuisé)
Les Chevaliers du Chaudron, 1960 (prix Chatrian)
À rebrousse-poil, 1962 (épuisé)
La Princesse du rail, 1967 (feuilleton télévisé)
Le Pape des escargots, 1972 (prix Olivier de Serres)
Le Sang de l'Atlas, 1974 (Prix franco-belge)
La Billebaude, 1978
Cuisine de Bourgogne, 1979
Psaumes à Notre-Dame en faveur de notre fils, 1979
L'Âge du chemin de fer, 1980 (épuisé)
Les Étoiles de Compostelle, 1982
Les Voyages du professeur Lorgnon, tomes 1 et 2, 1983-1985
L'Œuvre de chair, 1984
Locographie (épuisé)
Le Maître des abeilles, 1987
Le Livre de raison de Glaude Bourguignon, 1989

AUX ÉDITIONS HACHETTE

La Vie quotidienne dans les chemins de fer au XIXe siècle, 1975 (bourse Goncourt et prix de la revue indépendante)
La Vie quotidienne des paysans bourguignons au temps de Lamartine, 1976 (prix Lamartine)
Mémoires d'un enfant du rail, 1980 (épuisé)

AUX ÉDITIONS NATHAN

Pierre, le Chef de gare, 1967 (épuisé)
Robert, le Boulanger, 1971 (épuisé)

AUX ÉDITIONS RIVAGES

Canaux de Bourgogne, 1984

Cet ouvrage comporte neuf reproductions
de dessins d'Henri Vincenot.
© Collection particulière (tous droits réservés).
ISBN : 2-84337-030-2

© Éditions Anne Carrière, Paris, 1997.

Avant-lire

Il y aura toujours des histoires magiques pour qui se souvient d'avoir été enfant. En voici une qui m'émerveille encore à l'automne de ma vie.

Mes jeunes années s'écoulèrent dans un bain de création artistique permanente et il était naturel, pour moi, que mon père passe son temps libre à écrire, peindre, sculpter. Les pères de mes camarades de classe me paraissaient anormalement inactifs et je m'en inquiétais fort ; au retour du « bureau », ils se contentaient de s'installer dans un fauteuil club – le comble du sybaritisme ! – et fumaient sans mot dire, en lisant le journal pendant que la « téhessef [1] » déversait son « bla-bla », comme disaient les parents. Interdiction de les déranger ! Cette ambiance morne et stérile me donnait du vague à l'âme et je rentrais bien vite à la maison.

Chez nous, au contraire, on riait, on discutait et surtout on agissait. Il y avait toujours beaucoup « de pain sur la planche » et l'on s'en régalait d'avance. Tout était aventure. Pour ouvrir une fenêtre, il nous fallait enjamber les manuscrits de Papa. Pour mettre le couvert, nous nous livrions à des contorsions spectaculaires afin de ne

1. C'est ainsi que j'imaginais la graphie du sigle TSF, utilisé à l'époque au lieu de « radio ».

pas bousculer le chevalet où séchait une toile récente, et nous apprenions nos leçons dans le parfum de la soupe aux légumes, pendant que mon père chantait et jouait du piano. Ma mère admirait, encourageait, grondait, tout en balayant les copeaux de chêne ou de hêtre que son sculpteur de mari avait semés sur le parquet. Elle les jetait triomphalement au feu ; une subite flambée s'élevait de la cheminée, crépitante, et illuminait nos six visages d'un enthousiasme enflammé.

Nous étions tous, là, des êtres de désir entièrement tournés vers les belles entreprises à venir. Ce que créait notre père était *notre* œuvre à nous aussi : voilà comment nous sentions les choses. Paradisiaques.

Las ! Après qu'Henri Vincenot nous eut quittés, en novembre 1985, et lorsque, fatigué, le chagrin commença insensiblement à relâcher son étreinte, je fus prise de panique : la source était tarie ; plus jamais notre père n'écrirait, ne peindrait... Je me sentis d'une épouvantable et détestable pauvreté d'esprit, et je me mis à couver mes trésors comme Harpagon sa cassette. Mais les parents veillaient... et c'est cela, la belle histoire.

Leur petite âme joviale et affectueuse voletait autour de mon cœur douloureux, je le sentais bien. Et lorsque j'entrepris de mettre de l'ordre dans les manuscrits paternels, je m'aperçus avec émotion que Papa, Maman nous parlaient encore. Je fus très vite intriguée...

Quand je pensais avoir épuisé mes recherches et pouvoir ainsi classer les inédits, mon regard rencontrait sur une étagère ordinaire un conte, une nouvelle, trois pages perdues. Perdues ? Mais non. Alors, pour alléger notre solitude, les parents déposeraient-ils avec délicatesse et malice un petit message par-ci, un petit manuscrit par-là ? Oui, c'était l'évidence même : ils voulaient, en Bourguignons drôles et aimants qu'ils étaient, nous faire encore de bonnes surprises... Imaginez avec quelle émotion, quel plaisir je découvris et déchiffrai ces signatures de leur amour toujours présent ! Et comme je les ai lus et relus, ces petits bijoux d'histoires ironiques ou graves, mais toujours émouvantes et pleines d'enseignement !

De toutes ces découvertes, j'aurais aimé composer, avec les romans publiés, une « intégrale » des œuvres de Vincenot. Mais le destin est un grand maître... Et peut-être vaut-il mieux, après tout, savourer chaque texte pour lui-même, comme les innombrables plats d'un banquet bien ordonné.

Je découvris donc un jour les *Récits des friches et des bois*. Écrits de 1930 à 1942 environ (l'auteur avait entre dix-huit et trente ans), ils sont, dans le festin Vincenot, comme une « mise en bouche » qui nous donne un avant-goût des plats de résistance inscrits au menu. On y retrouve, en effet, les caractéristiques du style d'Henri Vincenot et les thèmes essentiels des romans de la maturité, thèmes non pas ébauchés mais déjà dans toute leur concise puissance, un peu à la manière de *concetti* sans affectation, pleins de sens et de saveur.

Le titre dit assez le thème essentiel du recueil : l'amour de la nature et de la Bourgogne y tiennent une large place. Rappelons qu'Henri Vincenot quitta sa province pour intégrer HEC à Paris. Il résidait à l'internat du lycée Jacques-Decourt, près de la place Clichy. On comprend mieux alors sa nostalgie du pays natal et sa passion pour la vie sauvage et indépendante, son désir constant de rêverie cosmique, son admiration pour les êtres inclassables, incontrôlables, irrécupérables que sont le braconnier, le berger, le bûcheron ; son respect enfin pour leur dignité d'hommes libres, libres de cette difficile et mystérieuse liberté toujours à reconquérir et toujours à sauvegarder.

On retrouve aussi, et sans voile, le jeune homme que fut l'étudiant poète et frondeur qui, son diplôme sous le bras, rêvait de tout « envoyer promener » et de revenir en Haute-Bourgogne « veurder [1]» dans « ses » friches et « ses » bois à la recherche de sa Belle au bois dormant. C'est donc déjà *Le Pape des escargots* et *La Billebaude*, mais c'est aussi Marklin et monsieur Albert, les héros des premiers romans [2], tous deux « anarchistes » – au sens noble du mot, disait mon père –, révoltés contre le pourrissement des pauvres âmes exilées dans la fange urbaine où les hommes prennent malin plaisir à vous mordre le cœur... « L'homme naît bon, la société le déprave. »

Il y a du rousseauisme dans tout cela, bien sûr. L'éducation du jeune homme par le berger dans le « Récit pour servir de préface » est claire à ce sujet. Mais un rousseauisme enrichi d'énergie vitale afin de mieux lutter contre les effets délétères du grégarisme urbain. Pour Vincenot, et on le lit déjà dans ces *Récits* de la grande jeunesse, on peut retrouver sa dignité d'homme dans une solitude difficile et dans une lutte permanente pour la perfection.

Un autre personnage de l'œuvre, enfin, retiendra votre attention, j'en suis sûre : la Femme. Nombreux sont les lecteurs qui s'interrogèrent et m'interrogent encore à ce sujet. Les *Récits*, à leur tour, donneront à penser. Au cœur même du livre, le surgissement de Saba, petite reine des ténèbres, ne peut laisser indifférent. Pendant de

1. Vadrouiller.
2. *Les Yeux en face des trous,* Denoël, 1959 (épuisé) ; *À rebrousse-poil,* Denoël, 1962 (épuisé).

Sidonie, la fiancée vierge et résignée du Toussaint Vendrot, elle fait scandale. Et je dois dire aussi que mon père aimait le « scandale », au sens étymologique de « pierre d'achoppement », qui oblige à une pause, à une révision de jugement ou à un examen de conscience. Cela peut surprendre et paraître paradoxal chez l'homme de paix qu'il fut, mais Henri Vincenot avait le goût du paradoxe, par souci dialectique et par désir d'harmonie : « Sous Calvin je suis papiste. Sous Richelieu, je suis parpaillot. Ce n'est pas par esprit de contradiction, c'est par amour de l'équilibre [1]. »

Le paradoxe, comme moyen dialectique de serrer la vérité de plus près, se lit bien dans le style contrasté des nouvelles, où alternent la voix du conteur et celle du jeune lettré. Le premier conte au jour le jour, au présent ou au passé selon qu'il est « dans la peau » du personnage ou simple reporter. Il s'adresse à nous, alors, dans la langue de ses héros. Tels le Téchon ou le Toussaint Vendrot, êtres sensibles, intelligents mais frustes et solitaires, ne se parlant qu'à eux-mêmes et pensant à haute voix ; les phrases sont courtes, parfois répétitives, parfois elliptiques.

Le jeune écrivain, lui, aime les mots et l'alchimie du verbe : il ne recule pas devant la coquetterie d'un imparfait du subjonctif, d'une période « bien enlevée » ou d'un terme savant de vénerie et de botanique. Curieux de tout, il aime faire partager son plaisir d'utiliser le mot juste. On retrouvera cet amour de la précision et du détail tout au long de son œuvre, ainsi que dans ses sculptures et ses dessins.

Aussi, pour donner au lecteur le plaisir de partager celui de mon père, j'ai choisi d'illustrer ces récits par certains de ses dessins dont il avait le secret. Si, au fil

1. Préface de *Je fus un saint*, Denoël, 1953 (épuisé).

des décennies, l'écriture d'Henri Vincenot s'est compliquée dans la graphie, son dessin par contre s'est remarquablement simplifié, purifié, et a gagné ainsi en exactitude dépouillée, à l'inverse, pourrait-on dire, de l'itinéraire de l'écrivain. Ces dessins datent, chose étonnante en effet, des années soixante-dix. Ils sentent fortement *Le Pape des escargots* et *La Billebaude,* dont les manuscrits sont très surchargés. Ils vous séduiront par la sûreté du trait éloquent, tracé à la plume, à main levée, sans brouillon.

Dès ces premiers textes apparaissent également la gourmandise de l'écrivain pour les images (comparaisons, souvent, et métaphores, toujours truculentes, sensuelles, savoureuses) ; la délectation du peintre qu'il était dans la description des herbages opulents où s'enchâssent, argentés, les plans d'eau régulateurs du canal de Bourgogne ; ou bien celle d'une combe sauvage de l'Arrière-Côte et des pentes rocailleuses de cette « charogne de terre » où s'accroche la vigne. Évidents, aussi, son plaisir de mettre en scène, avec cocasserie et sans pitié, les travers des hommes, son goût pour l'ironie mordante du Bourguignon perspicace et plaisantin ; sa grande tendresse pour la vie balbutiante : l'enfant nouveau-né ou le petit agneau « trébeulant [1] ».

Un dernier mot enfin sur l'homme de théâtre et l'aspect ludique de la prosopopée lorsque l'auteur fait penser et parler Faraud, le chien, ou bien encore lorsque, dans « Fruit sec », un grain de genièvre nous donne une leçon de vie en nous racontant la sienne. Je n'ai pas retrouvé, dans les œuvres postérieures de Vincenot, ce moyen rhétorique d'exprimer ses propres

1. Trébeuler : en patois, marcher sans assurance, à pas hésitants, comme le jeune enfant et le vieillard.

idées. J'y vois tout simplement un plaisir d'enfant au cœur pur, aimant donner la parole aux bêtes et aux choses, avec lesquelles il entretint toujours une mystérieuse complicité.

Cependant, je l'avoue, c'est un intérêt sentimental tout personnel qui m'a poussée à vous offrir la lecture de ces nouvelles bien « torchées », comme aurait dit mon grand-père Charles, le père d'Henri. Elles sont pour moi le sésame magique d'un univers immense aux confins de ma petite enfance [1]. J'y retrouve les lieux des rêveries qui m'ont ouvert le monde : les villages à peine nommés sont, à l'évidence, Commarin – où vivaient les deux frères à la chevelure de flamme et d'ébène : le Rouge et le Noir –, Châteauneuf et son « chaumeau des Prussiens » où bivouaqua l'ennemi en 1870 et où jouait mon arrière-grand-père Joseph, le Tremblot de *La Billebaude*. L'oncle poète est le jeune frère de Valentine – « Maman Tine » –, mort à vingt ans d'un « chaud-refroidi ». Et la maison du canal se trouve à Vandenesse, bien sûr, village de la branche paternelle de la famille. La « Combe Morte » ressemble étrangement au paradis lointain de nos difficiles et joyeuses vacances d'été à la Pourrie. Les vignes mûres et les vignerons truculents de « La paulée », ce sont enfin toutes les Maranges [2] de ma mère...

Je revois, intacts, la vallée de l'Ouche, les friches et

1. *Le Maître du bonheur*, de Claudine Vincenot, éditions Anne Carrière, 1995. L'auteur s'est efforcée d'y reconstituer l'univers d'Henri Vincenot, sa vie de famille, mais aussi le contexte bourguignon ou parisien dans lequel naissait sa création.

2. Région viticole de Bourgogne, à la frontière entre les départements de Saône-et-Loire et de Côte-d'Or. Pays de l'épouse d'Henri Vincenot.

les bois d'Arrière-Côte, les pâtures d'Auxois et les lointains morvandiaux : tout ce que mon père se plaisait à nommer « notre triangle magique ». Ce qui s'y passe, je l'ai vécu : c'est mon pays, mon sang, ma race qu'Henri Vincenot raconte là. Et cela m'émeut, et cela m'entraîne loin dans le lyrisme du rêve.

En « billebaudant » au fil du récit dans ces lieux aimés, je revois aussi la silhouette de mon père : le petit Vif-Argent à la découverte du monde, puis l'étudiant fuyant la ville pour aller en Bourgogne braconner avec de vieux solitaires au parfum d'anachorètes. Je me souviens aussi de l'aventurier ardent au creux de la combe abandonnée, du berger grand discoureur indulgent et rigoureux, du vieux sculpteur plein de talent et d'amour, tous, comme par prémonition, si proches de ce que sera pour les siens Henri Vincenot lorsqu'il sera devenu père et grand-père. J'y retrouve, sans fard, les gens que j'ai aimés ou qui, telle la Mère Lousine, ont hanté mes cauchemars enfantins : la Gueurloichotte, la Poloche ou la petite Saba.

Les mots patois aussi sont pour moi des mots clés et je suis toute surprise d'être amenée à en indiquer le sens en note : « arguigner » ou « veurder » furent longtemps pour moi des mots français !

Et puis, devant ce manuscrit calligraphié daté d'avant ma naissance ou de ma toute petite-enfance, l'odeur d'encre me revient en nez et je revois mon père écrivant sur la vieille table Louis XIII, la seule de la maison. Le chien Pataud est à ses pieds ; sa chaude et fidèle présence inspire Henri qui rédige « La joie de vivre », à moins que ce ne soit « L'expédition de Vif-Argent ». Oui, c'est plutôt cette histoire-là qu'il raconte : je le vois à son visage ému et soudainement enfantin ; il pense à sa « mémère Tiennette » et le porte-plume, trempé dans l'encre violette, crisse sur le méchant papier jauni. Je me le représente, petit garçon imaginatif et déluré, à Vandenesse-en-Auxois, le village de Charles, son père. Il joue sous le regard éteint et l'âme attentive d'une arrière-grand-mère aveugle. Et là, tout à coup, je perçois le chant des sirènes qui l'encouragent à la désobéissance. Charmé par leurs incantations, il sent naître en lui, pour la première fois, le désir d'ailleurs. Ailleurs est un autre monde, une autre vie.

Pour un enfant de quatre ans, « ailleurs » c'est tout simplement un pré d'embouche, au-delà du potager familial où le garçonnet disparaît, Petit Poucet vite englouti par les hautes herbes folles. Et c'est la découverte du vaste monde des insectes, la révélation de ciels mouvementés et inconnus, l'angoisse du petit perdu loin des « grands » qui font son bonheur et sa sécurité. Je l'ai vécue à mon tour, cette formidable aventure. Vous aussi. Vous verrez comme c'est bien ça, comme le texte colle absolument aux souvenirs de votre première fugue enfantine.

Ce petit récit sincère, délicat et si vrai, s'égrène sous la plume Sergent-Major que j'aimerais tant savoir manier. Je vois bien que c'est délicieux d'écrire, et cela me met l'eau à la bouche. Mon père aime le cheminement merveilleux des mots qui, prenant leur source dans le souvenir et dans l'imagination, vont s'enchaîner en vagues, en phrases pour composer sur la feuille blanche de belles histoires par la seule grâce de la main docile...

« J'écris depuis l'âge de huit ans. *La Billebaude*, je la vivais depuis ma première culotte et j'avais déjà rédigé, pour l'éducation et l'instruction de mes enfants, les histoires de chasse et les histoires du grand-père bourrelier et du grand-père forgeron. Je ne savais pas, dès mon enfance, que j'écrirais *La Billebaude* et les autres sous cette forme et à ce moment, mais je savais que j'écrirais. J'ignorais si le succès allait, ou non, couronner cet immense et délicieux travail, mais je n'en avais cure. Ce qui m'intéressait, c'était " conter ". Conter pour se souvenir et conter pour transmettre. Pour créer une œuvre d'art, aussi, comme lorsque je peins ou que je sculpte. C'est mon mode d'enseignement. J'ai ainsi " porté " chacun de mes livres... depuis mon enfance [1]. »

Ce rôle de maillon de la chaîne, de relais dans la famille et dans l'histoire de l'espèce humaine, lui tenait profondément à cœur... Mais amoureux des sensations simples et saines, mon père aimait aussi écrire pour la volupté du geste : « Le geste d'écrire m'est indispensable. Le porte-plume entre les doigts, l'index allongé, le poignet souple, comme me l'a appris, à coups de règle, mon vieil instituteur, qui m'a donné là, par force, le plus bel outil et la plus belle méthode pour m'exprimer sur une belle page blanche [2]. »

Ce plaisir-là apparaît avec évidence dans le manuscrit des *Récits* : le fac-similé nous donne à voir l'insouciance joyeuse d'un jeune ruisseau babillard, roulant ses eaux claires sans encombre ni scrupule.

L'extrait du *Pape des escargots,* au contraire, nous montre un écrivain voulant serrer au plus près l'idée par le choix, plusieurs fois remis en question, du mot juste et de la phrase équilibrée : les nombreuses ratures sont autant de repentirs. Nous avons là, en spectacle, un fleuve plus large, qui charrie les alluvions de

1. Interview d'Henri Vincenot par Roby, *Le Parisien libéré*, 16 juin 1980.
2. *Ibidem.*

l'expérience : l'auteur y recherche le matériau le plus constructif et le métal le plus précieux.

Mais, arrêtons là avant de révéler trop de secrets ou de nous laisser aller à des vaticinations personnelles. Partez plutôt « billebauder » dans les friches et les bois en compagnie d'Henri Vincenot, et prenez à cela autant de plaisir que moi naguère. C'est toute la grâce que je vous souhaite.

Claudine VINCENOT

L'expédition de 6
"Vif-Argent"

× × ×

La maison familiale était là, bien assise, dans un repli de la campagne, solide comme les plantes rupestres qui l'environnaient – Sa facade était jaune comme de l'or mat ; c'était une couleur empruntée au soleil ; son toit paraissait brun et cependant il était fait de pierres plates qui se chevauchaient, mais sur chaque pierre il y avait une mousse qu'on nomme "le pain des oiseaux" et qui est rousse.

Il n'y avait qu'une clôture, celle qui protégeait le jardin où les allées étaient bien régulières, ailleurs c'étaient des sentiers imprécis qui conduisaient au puits, à la basse cour, au lavoir, au verger, et enfin sur le chemin.

Au delà de ces aîtres familiers s'étendait un terrain varié, avec des arbres, un pré, une jonchaie minuscule et un réseau de petits chemins piétinés, comme en font les moutons dans les passages souvent fréquentés – Un peu plus loin on voyait enfin le tumulte rougeoyant des toits du village, avec tout un désordre de ruelles, de murettes, de marronniers ombrageant

Récits des friches et des bois. C'est ici l'écriture d'un dessinateur qui prend plaisir à la calligraphie et à la mise en pages. (Porte-plume à pointe ronde, encre bleu indigo.)

3

(faite de r roulés, de syllabes épaisses et dodues, glissées dans des
Ils avaient cette même rondeur, [illegible] intonations, tellement particulières
[illegible] qu'on eût dit [illegible] un [illegible] dialecte étrange – Et puis même
tournure de pensée, [illegible] même verdeur d'expression (même propos [illegible] coloré [illegible] et coupant comme faucille) même malice dans les petits
yeux plissés, même [illegible] jointures noueuses, [illegible] même taille [illegible], même crâne rond
[illegible] même bouche fine (et sarcastique) souvent cachée sous broussailles de poils roussâtres,
négligés tout exprès pour adoucir [illegible] l'infaillibilité des jugements à l'emporte-pièce –

– Tu les vois, tous ? demandait Germain – Tu reconnais tes frères Oui ou non ?
– Ils ont tous des airs de la Gazette ! répondait Gilbert
[illegible] Les Celtes, mon vieux, les Celtes, comme disait le vieux [illegible] lui-même
Parfois, ils voyaient un homme différent grand, épais, [illegible] plus rouge, (aux cheveux plus blonds)
au cou d'auroch
au ventre de [illegible], [illegible] c'était le Burgonde, Il était souvent propriétaire, négociant,
alors que l'autre n'était que piocheur de vigne (ou son maître de chai) ; le second ; celui-ci seigneur et [illegible] administrateur,
et
le premier celui-là philosophe, [illegible] moraliste et poète, celui-ci triche [illegible] et puissant, celui-là insouciant
et rêveur –

Ainsi Gilbert avançait à la découverte de sa mère nourricière, la Bourgogne et de ses frères de lait [illegible].
Il aurait pu, maintenant, du premier coup, les reconnaître entre mille [illegible],
[illegible] et désigner, sans se tromper, le chapiteau, la voussure ou le tympan venu de chez lui, et non d'ailleurs –
[illegible]

Il leur arrivait d'entamer conversation avec l'un, en train de
mécher ses fûts, avec l'autre [illegible] (sa vigne [illegible] – Un
jour, à Milly, celui de Lamartine, [illegible] bonhomme leur avait dit –
– Entrez donc, les gars, vous m'aiderez bien à boire une douce bouteille, Tout seul j'ose pas – Il faisait une après-midi [illegible] de septembre, parfumée de buis et
Ils étaient entrés dans un chai, frais et musqué, où l'homme les avait
précédés pour passer en revue, pipette en main, des rangées de fûts [illegible] qu'il
déboudait d'un petit coup sec de maillet – Et celui-ci, vous me direz ce que vous
en pensez – Et celui-là, s'il était pas trop vert... ? Et cet autre ? s'il avait pas un petit
arrière-pensée de moisi, ce serait une fière [illegible] ! Et celui-là ? [illegible] s'il avait
plus de corps ! Ainsi On en goûta quinze, jeunes [illegible] pourtant que le propriétaire en trouvât
une à son goût –
– [illegible] Ce n'était que la préface, le purgatoire, dit-il, voyons maintenant le premier
chapitre du Paradis –
On changea de cave – celle-ci était plus fraîche, encore, plus sourde,

Extrait du manuscrit du *Pape des escargots* (1972). La graphie a peu évolué entre 1930 et 1972, dates où l'auteur avait respectivement dix-huit et soixante ans. Mais la réflexion sur l'écriture s'est approfondie et les « repentirs » sont nombreux. (Stylo-bille.)

Récit pour servir de préface

1

L'enfant qui voit faire une belle armoire veut devenir ébéniste. Celui qui entend un concert admirable veut devenir musicien. Et celui qui, un soir de mai, voit évoluer sur la place du village des bohémiens qui font des tours de force et d'adresse veut partir avec eux dès le lendemain et devenir baladin. La vie se trouve changée pour lui à partir de ce moment-là. C'est ainsi que je suis devenu ce que je suis...

Mes parents auraient souhaité me voir devenir fonctionnaire (les parents ont de ces goûts incompréhensibles) ! Ni ma mère, noire paysanne, ni mon père, jovial braconnier, n'eussent accepté pour eux-mêmes la vie de fonctionnaire qui les épouvantait, mais, par amour parental, ils me vouèrent à cet « enfer ».

Et pourtant je ne suis pas fonctionnaire, Dieu merci ! Je suis berger. Oh, pas de ces bergers qui ne font que garder les moutons, qui arrivent un soir pour se louer, pendant la belle saison, et qui repartent de la même façon pour se placer ailleurs. Non, je suis un vrai berger, un berger de vocation, imbu de sa valeur professionnelle, jaloux de ses prérogatives, fier de sa condition, heureux de son sort et enivré par sa mystérieuse destinée.

Mes parents, eux, en sont morts de chagrin.

Aussi, pourquoi s'entêtaient-ils à vouloir faire de moi un fonctionnaire alors qu'ils n'eussent pas voulu le devenir eux-mêmes ?

Quoi qu'il en soit, au lieu d'être commis de perception ou surnuméraire des Postes, je suis berger, berger d'un beau troupeau dans mon pays natal.

***

Il y a bien longtemps, je revins chez mon père, par un soir poussiéreux de juillet, portant sous le bras un mince rouleau de papier glacé. Ce papier était un diplôme, un diplôme modeste, subalterne en somme, le plus mal placé dans la hiérarchie des diplômes : c'était mon certificat d'études primaires.

Encore vêtu de mon beau costume (un complet tout neuf que je n'avais porté qu'une fois, pour ma première communion), j'allai annoncer la bonne nouvelle aux voisins et je ne voulus pas omettre d'avertir le berger de mon premier succès scolaire, bien qu'il ne se fût intéressé jusque-là qu'à mes écoles buissonnières.

Ce berger était un homme étrange ; depuis mon enfance, je n'ai sympathisé qu'avec des hommes étranges. Il avait un visage noir où s'enfonçaient des yeux d'un vert liquide ; des poils surgissaient de tous ses pores encrassés, son sourire était une affreuse déformation de son visage.

Je le trouvai assis sur le talus ensoleillé, devant la porte de la bergerie. Il apprit mon succès sans en paraître surpris :

« Te voilà savant. Il importe maintenant que ton instruction te serve à quelque chose. Non pas à pâlir dans un bureau, comme tes parents le désirent (cela me fait mal de penser qu'ils pourraient t'envoyer là-bas), mais à devenir un homme heureux. »

« Vois-tu », dit-il après s'être étiré, mollement appuyé sur un coude, « ici j'ai peu d'allure, je suis sale et hirsute, humble et retiré. Cependant, je suis le plus heureux des hommes... Je pars derrière mes moutons, ils soulèvent de la poussière quand ils sont dans la sente puis, lorsque le troupeau s'étale dans la chaume, cette poussière s'apaise, nous dérangeons des lapins et des renards : je passe comme un général qui conduit son armée... »

Affalé sur l'herbe, une brindille à la bouche, il souriait.

« Vous avez un beau métier, berger, lui dis-je.

– Oui, petit, oui, il n'y en a pas deux comme cela.

– Et que faites-vous toute la journée, berger ? »

Il dit, le plus simplement du monde :

« Je rêve.

– Et à quoi rêvez-vous ?

– Aux vieux qui sont morts depuis des années, aux vieux légendaires qui furent les célébrités du pays ; je rêve aux autres, plus modestes, aux filles que j'ai connues dans ma jeunesse et qui maintenant sont de vieilles grand-mères toutes menues, toutes cassées. Tous ont travaillé dur pour gagner la tombe où j'irai bonnement les retrouver, moi qui n'ai fait que rêver. »

Je murmurai : « Je voudrais devenir berger !

– Tu as raison, petit, fais-toi berger, c'est une des rares positions où l'on puisse cesser, sans inconvénients, d'être ce que l'on est. Ainsi, passée la ferme des Grillottes, je cesse d'être berger, chaque jour, car le chien me remplace ; je lui donne ma tête et tous les soucis qu'il y a dedans, il en est tout fier et il s'en sert mieux que moi. »

Il éclata d'un rire énorme qui trouva son écho sur le versant opposé de la vallée où une équipe mettait du regain en bouillots [1]. Le vieux avait déjà quitté ces pensées mais moi je répétais, guindé dans mon costume :

1. Regain : deuxième coupe de l'herbe. Bouillots : petites meules de foin.

« Eh bien, je voudrais être berger ! »

Il me regarda sans broncher, de ses yeux incolores.

« Tu le seras, petiot, tu le seras certainement.

– Vrai ?

– Oui, si tu le veux réellement, je t'apprendrai le métier, il ne consiste pas tellement en des connaissances précises. Tu restes près de moi un an, deux ans, trois ans, je te montrerai ce qu'il faut faire en été, en hiver, en automne, au printemps, et toute sorte de choses sur les insectes et sur les plantes. »

Je me souvins des après-midi de chaleur passés dans la salle de l'école, alors que tous les bruits vous endorment et que la voix du maître, si monotone, vous berce.

« Les jours du mois de juillet, berger, lorsqu'il fait si chaud à l'école, que faites-vous ?

– Je m'étends sur l'herbe, petit, à plat ventre et je rêve encore. On n'a pas assez le temps, ailleurs que dans mon métier, de penser à ces choses-là. Le berger s'en occupe, lui : il est le rêveur public. Si tu devenais berger, tu serais aussi celui qui rêve pour tout le village, pour la Bourgogne, pour le monde entier. »

Il était repris par sa manie de faire des phrases, de prononcer des mots superbes, comme on en lit dans les livres.

« ... Parce que le berger, continua-t-il, c'est un druide, c'est le trait d'union entre le silence de la nature et l'affairement bruyant des fermes, c'est lui qui possède le secret ! »

Il fermait les yeux, comme une vieille femme en prière.

« Comme moi, tu porterais une barbe et un grand manteau. Dans la sérénité de la campagne, tu officierais comme moi et le soir, au retour, tu lirais dans les yeux qui te regardent l'admiration, le respect, la crainte aussi : on a peur du berger parce qu'il porte en lui le mystère des friches, ainsi que sa blouse, derrière lui, traîne un parfum de bergerie. »

Il clignait de l'œil et palpait à petits coups sa barbe étalée :

« Il n'est pas impossible que tu deviennes berger, dit-il. Alors, oh alors, je te promets de belles joies ! »

À chacun de ses mots, dans chacune de ses attitudes, on sentait l'orgueil prodigieux de ce fruste, un orgueil qu'il tirait de sa sagesse, de son éloquence inattendue, de la beauté simple de sa vie, de la splendeur de sa barbe grise.

« Je t'annonce des émotions sans nombre et d'une valeur inappréciable... »

Un silence, puis :

– « Oui, voilà ce que je te prédis : un jour, dans des dizaines et des dizaines d'années, alors que tu seras monté dans la montagne avec le troupeau, afin de voir, depuis là-haut, ton village affirmer sa petite note vive dans la vallée, il te prendra désir de t'étendre sur cette herbe qu'ombragent les noisetiers. Ce ne sera pas vaincu de fatigue ni sollicité par la paresse que tu obéiras, mais le soleil chauffera doucement la friche pour en distiller, dans l'air, les essences, et l'âme de ton pays envirotera [1] ton âme au point de la faire tituber, comme en ribote. Alors tu t'assiéras, et l'esprit tendu par des pensées nombreuses qui seront des souvenirs, des projets, des émois, tu voudras tout voir d'un seul coup d'œil, les bois, les prés, la rivière, les roches, les éboulis, les grands horizons et le village. Tu vibreras comme les grillons qui font partie du paysage, puis, attiré par la mousse, tu t'étendras.

« Te voilà maintenant couché sur la terre rouge de la montagne, ton regard se perd dans le ciel, tes mains se promènent dans l'herbe rude, au hasard ; elles y palpent des éclats de calcaire dont le contact même t'est familier ; tes doigts rencontrent des insectes qui les évitent habilement et s'abritent sous les gentianes. Tu respires, jusqu'à

1. Enviroter : donner le « virot », le vertige.

l'ivresse, l'haleine de ta terre... Tout à l'heure, au retour, tu auras les pommettes rouges et la fièvre cognant aux tempes. J'ai vécu toutes ces extases et je peux te les raconter toutes, en détail, depuis le moment où l'on se livre jusqu'à celui où l'on se reprend. Pour l'instant, tu te laisses aller et, pour ne pas éparpiller tes sensations, tu fermes les paupières... C'est alors un sommeil où tu revois tout, ton enfance, dans les vergers, ton école et tes maîtres, tes amours, ta vie. Petit ! c'est beau, à cette heure, il fait doux, on chancelle au bord du rêve. Surtout, ne te raidis pas, cela fait mal à la tête. Laisse aller. »

Le vieux s'arrêta, comme essoufflé, mais surtout très ému puis, la voix plus basse, plus douce :

« Je voudrais tout te prédire, mais ce n'est pas possible, il y a tant de choses ! D'abord l'odeur des vignes qui vient de l'autre côté des montagnes, le souffle des forêts, les bruits de la vallée, le lointain fracas de la maréchalerie, un écho de basse-cour, tout cela pas plus perceptible que les glissements d'insectes entre les herbes et aussi subtil que les parfums des végétaux que tu broyes de ton corps étendu. Une stupeur bienheureuse t'envahit, tu ne peux plus rien refuser à ton imagination qui t'entraîne ; cela fait tournoyer ton âme. »

Il se tut et, les mains moites, le cœur palpitant, je soufflai :

« Continuez, berger, oh continuez !

– Voici l'aboutissement de toutes tes études, reprit-il, et de tous tes efforts. Voici le résultat des activités les plus diverses de ton esprit : le rêve. C'est pour y atteindre que tu as vécu, pensé, lu, souffert, c'est pour en arriver à cette ivresse que tu t'es fait berger. Sois simple, à cet instant, et laisse-toi bercer comme un petit enfant, savoure cette joie intime qui n'est donnée, comme une grâce, qu'à ceux, très rares, qui la méritent et prolonge cette ivresse jusqu'au soir, si tu peux, sans bouger, suspendu entre ciel et terre. Par toi, c'est le village entier qui rêve. Sens-tu comme ton corps est mort, immobile ? »

Je faisais oui de la tête, mais le vieux mage continuait :

« Déjà, les fourmis le confondent avec le sol et s'y promènent, chez elles, comme sur la tiède terre où serpentent leurs sentiers, comme sur un cadavre. Déjà, les scarabées s'affairent et les petites sauterelles des friches y viennent en promenade, par bonds, projetées dans le ciel pur par leurs grandes pattes jaunes. Tous tes muscles sont mous, ta tête s'alourdit sur son oreiller d'herbe, ta chair s'appesantit, ton âme, évadée, plane au-dessus du paysage comme les brouillards des matins de mai. »

Ayant ainsi parlé, cet extraordinaire bonhomme se renversa sur le talus et, la chemise largement ouverte sur sa poitrine velue, il chantonna :

« C'est la douceur de vivre... »

Il me sembla dès lors qu'il ne pouvait pas y avoir de plus beau métier sur terre que celui où le rêve avait une si large part et je me sentis prêt à renoncer à tout pour devenir berger, tant est grande l'influence, sur une âme d'enfant, des discours de ces vieux mages auxquels est dévolu l'honneur de conduire les moutons.

2

Les jours, les ans passèrent et le souvenir de cet entretien ne quitta pas mon esprit ; où que je fusse et quoi que je fisse, je pensais fidèlement à ces extases promises. Enfin, comme à tout homme, un jour, il me fut donné de choisir et, ce jour-là, je pris allégrement la plus grande initiative de ma vie ; deux voies s'offraient à moi ; je choisis la plus incompréhensible, la plus incertaine, la plus sensationnelle : je suis devenu berger.

Je suis devenu le rêveur public, celui qui rêve pour le village tout entier : chaque jour, je prends donc le chemin des Golottes, je précède mon troupeau jusqu'au moment où il peut s'étaler dans la friche immense, je gagne l'abri d'un tilleul qui surplombe la vallée. Le panorama est l'un des plus beaux qui soient et, bien que je le contemple chaque jour, je ne me lasse pas de l'admirer. Par les jours chauds du mois d'août, surtout, sous les frondaisons qui prennent une teinte de poussière, les clairières semblent retenir à plaisir des poches d'air chaud qu'aucune présence n'anime. Seuls, les bruissements des reptiles vivent sur les pourtours. Les lointains sont beaux, sombres sous un ciel scintillant ; par endroits, sur des dépressions où jaunissent des moissons, des brumes s'élèvent d'une campagne vibrant au chant des grillons. Le ciel tombe comme un rideau de tôle brûlante au-delà des monts où les vignes, étalées sur le versant invisible, mûrissent, face au sud-est, le meilleur vin du monde. Au fond des cuvettes herbeuses, des villages jaune et gris, peuplés d'éleveurs et de vignerons, attendent le soir pour renaître mollement à la vie, ouatés par les frondaisons intercalées de leurs vergers.

Et je suis porté, ainsi que mon vieux mage me l'avait annoncé, à m'étendre sur cette terre, sur cette herbe, alors que le soleil les chauffe amoureusement. L'âme de mon pays envirote mon âme qui titube, comme en ribote ; alors la rêverie commence, rêverie dont les caprices m'amènent souvent à assister à une ronde éperdue de fantômes : la ronde des vieux, comme je l'appelle.

Je vois l'ancêtre tonnelier dont je tiens ma voix de futaille, cette voix bien bourguignonne faite pour chanter dans les églises ou en plein bois ; de lui mon amour du son, mon goût des résonances.

Je vois le grand-père forgeron qui m'a laissé en héritage son crâne énorme, cornu, dégarni sur les tempes, son nez épais et large. J'ai les mêmes rides profondes comme des ravins, qui descendent le long de mes joues, de chaque côté du nez. C'est lui qui a forgé mon âme, amoureuse de lumière aveuglante.

Je vois le grand-père menuisier dont j'ai la maigreur osseuse, les poignets décharnés et noueux, les mains squelettiques ; de lui, j'ai l'amour du travail du bois, le goût de la sculpture et le sens des trois dimensions.

Ceux-là m'ont donné, tous ensemble, la notion de l'épargne, l'âpreté au gain, la sobriété, mais aussi la passion des festivités passagères, des ripailles de fin de vendanges. Je vois aussi « la Mémère [1] » qui faisait de si bons flans, je la vois au seuil de cette maison, maintenant ven-

1. La Mémère Tiennette, évoquée dans *L'expédition de Vif-Argent*. Sa maison était entre canal et rivière.

due, qui était si près de la rivière qu'on aurait cru qu'elle allait se jeter à l'eau. Et enfin, je vois le jeune, le tendre oncle, mort à trente ans, et qui m'a laissé ce besoin de solitude, cette soif d'austérité et d'ascétisme, cette science de l'oisiveté, cette manie maladive de lire dans les pages ouvertes de la nature et d'y trouver plus d'enseignements que dans les discours des hommes. C'est lui qui me pousse à rêver, à créer, à écrire ces contes, à sculpter, à poétiser ma vie crotteuse de meneur de moutons, à la trouver superbe, à en faire un poème dont les strophes sont les jours. J'ai son teint inégal et changeant, ses yeux battus, ses cheveux rebelles et c'est à lui, disent les gens, que je ressemble : ils croient, lorsque je passe, le voir marcher. Tous ces disparus m'ont donné les caractères profonds de ma race et j'aime ainsi les retrouver dans ces rendez-vous clandestins sur la montagne. J'en vois d'autres encore passer dans mes rêves. Et cela se termine par un éblouissement total, comme si je regardais le soleil en face. D'autres fois, l'esprit vide, je somnole en chantant, des heures entières, et, étendu, les yeux mi-clos, je regarde passer les nuages.

Ils sont innombrables et variés à l'infini depuis le petit flocon blanc, isolé dans le bleu, jusqu'à la nappe parfaitement sombre des jours gris. Il en est de floconneux, de neigeux, d'inconsistants, d'épais, de liquides, de plats comme des tartes, de gercés, de fissurés, de déchirés, de balayés, de torturés, il en est que le vent arrache et éparpille après les avoir brassés ; alors ils s'élèvent en cyclones, vrillés, émincés, laminés entre deux tourbillons, couronnés d'un bouillonnement étincelant. Ils sont dorés, argentés, rouges ou bleus, violets ou jaunes. Les uns sont comme des masses boursouflées de pâte en fermentation, reposant sur des plateaux qui les reflètent ; les autres sont cuivrés, terribles, colorés par un feu immense qui s'étend quelque part, au couchant ; leurs ombres sont béantes, pleines de pluies et de froides haleines. Et cela court, cela tourne, cela glisse, cela se bouleverse dans un lent tohu-bohu, dans un tranquille tourbillon monstrueux qui écrase, de ses proportions, le troupeau gros comme une bande d'insectes, perdu dans la friche aux maigres brins.

Je m'étonne que cela se passe dans un tel silence, le silence blanc des vapeurs qui s'envolent, le silence pur des évaporations, le silence lent de ces grands mouvements atmosphériques qui se déroulent, jamais semblables, toujours souples, sans cesse grandioses. Il faut être sur la montagne pour assister à ce spectacle, il faut pouvoir s'immobiliser longuement, sans arrière-pensée, en un mot il faut être berger, avoir le loisir de prendre des points de repère : un arbre mince qui se découpe, frêle, sur le fond éclatant ; on ne sait plus alors si c'est la friche qui tournoie ou le ciel qui fuit : l'arbre est entraîné dans une course à rebours, la forêt tout entière recule, chancelle au rebord des roches alors que le troupeau, dans sa marche lente, glisse d'un côté, attiré par l'herbe meilleure et l'abri du monticule.

Et le soir, lorsque je rentre au village, c'est la paix des friches qui descend avec moi. On m'interpelle : « Fera-t-il beau demain ? » car je connais tous les signes du temps.

***

Une fois l'an, je me penche sur des berceaux. Des berceaux bien modestes, certes, faits de paille ou de foin, où s'agitent des chiots humides, aux oreilles rases, aux yeux clos, au ventre rose, à la queue mince, ou bien des agneaux qui gambadent dès leur première journée. Ainsi, je me trouve, dès la fin de février, environné de naissances, de brebis en gésine et d'agneaux patauds. Par un froid matin clair, des gémissements s'éveillent çà et là, dans la bergerie. Partout, ce sont des bêtes qui vont et qui viennent, la bouche ouverte, la voix rude, les flancs énormes animés de soubresauts ; elles tournent en rond, rasent les murs et s'y frottent, s'affrontent en des combats fugitifs, crâne contre crâne. Je prépare tout : des paniers, du coton, mon flacon d'alcool. Je ne puis trouver un endroit où ne s'agite pas une femelle. Elles rôdent autour de moi, m'implorent comme si je pouvais les soulager. Les unes tournent ainsi pendant des jours, d'autres ne souffrent que quelques heures. Cela produit une agitation inaccoutumée dans la bergerie et aux alentours, et mon cœur bat à grands coups.

Enfin, les premiers agneaux naissent et ils se succèdent au long de la semaine, la nuit, le jour, dans les crèches, sur le pâtis, partout, sans cesse ; il en naît vingt, trente, quarante, cinquante. Je recueille ces petits êtres, je les isole avec leur mère ; cela bêle, cela grince, cela gémit. À l'odeur du suint succède bientôt un vague parfum d'officine.

L'œuvre de la nature s'accomplit, je ne suis qu'un modeste auxiliaire : je ne dors ni jour ni nuit, je surveille, je berce des vies nouvelles ; mon lit se trouve occupé par les plus frêles et les malades qui souillent ma paillasse. J'aide les nouveaux venus à trouver la mamelle, j'ensanglante mes mains à des travaux horribles, insoupçonnables, je sue, je n'ai le temps ni de manger ni de boire, toutes mes brebis me harcèlent, sentant venir leur tour ; elles semblent avoir besoin de ma présence, elles me suivent. La nuit, en bras de chemise, couvert seulement de ma houppelande, je m'agite, ma lanterne à la main : je suis fourbu, je suis ému, je fabrique de la vie.

Puis, lorsque les agneaux dansent, malhabiles, sur leurs pattes énormes, ma chienne, à son tour, vient, amaigrie, frétillante ; elle m'entraîne à sa suite dans le fenil, là, plus troublante encore que les brebis qui se mettent à brouter sans même attendre la délivrance, elle se penche, maternelle, avec moi, sur ses petites boules geignantes qui, dans leurs ébats aveugles, se chevauchent et se piétinent. Elle les retourne du bout du museau, les lèche, les hume, caresse sans vergogne de sa langue mince leurs derrières et leurs ventres pisseux. J'ose alors poser ma main sur les petits corps, à peine velus, qui grouillent.

Avant que j'eusse l'espoir de fonder une famille, ces instants m'étaient pénibles, car alors (oh ! alors seulement !) une joie jalouse mordait mon cœur : le clair et frêle bonheur de toutes ces maternités rejetait dans l'obscurité la dure solitude qui, à ce moment, me pesait. La bergerie, dans le vallon, était seule, loin du village. Le bruit des sources du printemps remplissait les taillis encore gris.

3

Ma vie, déjà étonnamment pleine des sensations les plus pures, devint plus passionnante encore et ma vocation en quelque sorte s'affirma le jour où ma chienne mit au monde Faraud.

Elle me donnait annuellement, comme je l'ai dit, une portée de trois ou quatre petits que je cédais dans la région, après les avoir dressés. Ils étaient tous d'excellents bergers, sérieux, consciencieux, pas « tête en l'air » pour deux sous, et mon dressage en faisait des sujets remarquables pour nos pays, mais un jour Faraud vint au monde et il mit tout d'abord le désordre dans ma vie, dans ma méthode de dressage, ainsi que parmi les brebis qu'il mordillait sans cesse. À vrai dire, je fus désemparé par ses manières brutales, ses airs rêveurs, ses absences capricieuses, ses fredaines inexplicables. Il avait un poil fauve et hirsute, un nez beaucoup plus long et plus fin que les autres, un œil humide sous une broussaille de cils, des reins plus minces et une poitrine plus profonde.

Comme sa mère, il excellait à prendre les vipères, à leur rompre les reins, à les réduire à merci, mais, moins assidu qu'elle, il s'absentait tout à coup et ne rentrait que dans la nuit. Je l'entendais gratter à ma porte, je lui ouvrais ; il entrait alors et, sans prendre le temps de manger la soupe qui l'attendait, il s'allongeait sur la paille et s'endormait lourdement.

Longtemps, je cherchai quelles pouvaient être ses occupations occultes mais un matin il rentra, tenant entre ses mâchoires un levreau de quatre livres. Je compris que Faraud était un mauvais berger parce qu'il était chasseur, tels ces hommes, dont j'ai lu l'histoire, qui étaient de piètres fonctionnaires parce qu'ils étaient poètes.

Souvent, les chiens de berger ont un goût intermittent pour la chasse, ou plutôt ils saisissent volontiers l'occasion de poursuivre un gibier ou de dévorer un petit lièvre, mais il est rare qu'ils soient de sérieux chasseurs. Je résolus donc de l'observer et la chasse, que j'avais un moment abandonnée faute de chien et faute de fusil (je n'ai jamais pu me résigner à colleter), redevint mon principal souci.

Le lendemain, donc, je laissai mon Faraud libre et sans surveillance apparente, afin de lui permettre de se livrer à sa passion ; il gambadait autour de sa mère qui, elle, avait sagement l'œil sur le troupeau et, jusqu'à huit heures, il put résister courageusement à l'appel de la forêt, puis il s'isola vers une murée [1] plantée de noyers sauvages et de coudriers et disparut enfin. Je résolus de connaître ses méthodes de chasse, aussi je laissai les moutons sous la garde de la chienne et je partis.

Vraisemblablement, il était entré sous le couvert près d'un gros taillis qui était pour moi impénétrable et, de là, il s'était enfui à travers bois, guidé par son flair. Je marchai rapidement, afin de ne pas perdre trop de terrain ; je pensai : « S'il est malin, il gagnera le bois Mutou pour lever du lièvre » ; je montai donc une ligne qui séparait deux coupes, lorsque je vis mon Faraud qui, nez à terre, traversait en trottinant le sentier. Il avait une belle allure de griffon, il était méconnaissable de ce fait car, au repos, il avait

1. Pierres amoncelées pour faire une clôture.

toutes les caractéristiques d'un berger, mais d'un berger un peu efflanqué.

Je m'arrêtai et je le vis s'enfoncer sous une futaie, dans une combe : il allait prudemment, le nez au sol, la queue droite, les gestes souples et sans se désunir. Je ne pus m'empêcher d'évoquer un vieux corniaud qu'avait eu mon père et qui avait fait des merveilles, dix ans plus tôt.

« En somme, pensai-je, c'est peut-être un de ses descendants. » C'était la même tenue, le même sang-froid, la même nonchalance qui prouvaient qu'il était sûr de lui-même. Mon cœur exultait, ma passion pour la chasse rebondissait à ce merveilleux spectacle.

Le terrain se creusait de vallées, de ravins : Faraud allait et venait, cambré dans les pentes, pour retenir son allure, tendu dans les montées pour maintenir le train : c'était une merveille. (Mon père, avec ses favoris négligés, sa petite barbiche impériale, son feutre râpé, ses molletières vertes, m'apparut à cette heure : il souriait en se frottant les mains.)

Les cailloutis succédaient aux buis courts des espaces découverts, puis, à la suite de Faraud, je m'enfonçai sous des couverts splendides, moussus et escarpés, où brillaient les chapeaux rouges des oronges. À un moment, Faraud me vit, son œil eut comme un sourire et sa queue se mit à frétiller, mais ce ne fut qu'une seconde de distraction, il se remit à sa chasse et je le suivis, plus intrigué que jamais.

Au-dessus du chaumeau des Prussiens [1], Faraud partit à fond et, désormais, il me fut impossible de le suivre, je le vis disparaître derrière un rideau de chênes et de genévriers.

J'en savais assez sur mon nouveau compagnon, peu m'importait qu'il s'élançât maintenant aux trousses d'un

1. Allusion à la guerre de 1870 : les Prussiens bivouaquèrent à Châteauneuf. Chaumeau : forêt clairsemée, herbeuse comme un pâturage.

gibier ; je savais que je pouvais compter sur lui. Sur le chemin du retour, je me proposai un programme de dressage et, tout en marchant, je remarquai que, bien qu'il fût parti sur une piste, comme un fou, Faraud n'avait pas encore une seule fois donné de la voix ; cela me réjouit et me donna la conviction qu'il descendait bien du vieux griffon de mon père qui, lui, n'aboyait jamais.

Par le chemin de la Vie (il est dur et caillouteux – que nos vieux avaient donc de l'esprit !) je fus bientôt de retour au troupeau : il s'étalait largement sur la friche, calme, silencieux, sagement gardé par la chienne qui, le ventre sur l'herbe, regardait les moutons, les yeux mi-clos, la langue pendante.

Tout le jour, j'eus l'oreille tendue ; à aucun moment je n'entendis la voix de Faraud ; j'en déduisis qu'il chassait bel et bien en silence et cela me promit de beaux jours. Le reste de la journée et la nuit qui suivit furent illuminés par le souvenir de cette matinée de chasse qui me rappelait les meilleurs moments de mon adolescence.

Au matin, Faraud gratta, d'une patte lasse, à la porte. Je lui ouvris. Il était brisé de fatigue et, sur ses lèvres couleur de truffe, des poils arrachés et sanguinolents étaient restés collés. Il tomba, comme de coutume, sur sa litière et s'endormit, la tête drôlement enfouie entre les pattes. Bêtement, un sourire de tendresse aux lèvres, je le regardai longuement dormir.

Avec Faraud, désormais, je parcourus les montagnes, le Haut-Auxois et le Morvan de Saulieu, la montagne d'arrière-côte depuis Urcy et même Flavignerot, jusqu'à Beaune et Nolay, je passai même l'Ouche, pour aller jusqu'aux sources de la Seine ; je fréquentais surtout les hautes combes où je pouvais plus facilement évoluer sans être remarqué, mais on commença néanmoins à parler de moi dans la région.

Dans les granges, les paysans se mirent à jaser sur mon compte et à dire que le père Chalumot avait un fils digne de lui, que jamais on n'avait vu un plus terrible braconnier que moi : « Il fallait que ça finisse comme ça, disaient-ils, c'est dans le sang ! » Ces drôles n'y entendaient rien, car je ne possédais pas de fusil, à cette époque. Je ne chassais que pour lancer Faraud et pour suivre les péripéties de la chasse, mais l'imagination des gens est vive et la légende s'empare très vite des événements les plus simples de la vie des bergers.

En vérité, je recherche ainsi la joie d'errer, sentant mon troupeau bien gardé, la joie de renouer avec les traditions paternelles et de parcourir inlassablement toute ma belle Bourgogne. Quoique ma vie ait beaucoup changé, depuis mon mariage, je n'ai pas perdu mes habitudes : quittant la friche au clair matin, certains jours, je n'y reviens que le soir, pour le retour du troupeau, ou même je pars des semaines entières et je profite de ces journées pour admirer Faraud, pour faire des récoltes de champignons, de mûres, de noisettes, d'épine-vinette, de prunelles, de cornouilles. À la suite de mon chien, je traverse les bois du Faîte, les combes, les plateaux, les vastes friches qui, sous le plan de Suzan et la montagne de Velars, s'étalent, toutes bosselées, en pente, jusqu'aux cultures, aux vignes, aux cassis de la vallée de l'Ouche. Les terres s'étendent, de toutes parts, sombres, à l'infini : montagnes aux lignes souples et bleues, forêts épaisses, plateaux secs où les cultures font des quadrilatères multicolores. Et tout cela coupé de vallées profondes drainées par de clairs cours d'eau que, du haut de mes belvédères, je vois minuscules, des rivières dessinant dans les herbages des sinuosités incompréhensibles au pied des hauts peupliers. Leur eau fait des petites taches scintillantes dans les coins ombrageux, très loin ; leur eau est gaie, engageante, comme une amie chère. Cette eau qui cherche son équilibre et qui s'en va, inexorablement, c'est comme un tribut que paie notre territoire.

Je m'arrête parfois près de ces sources, perdues dans les versants boisés. J'y bois à longues lampées, dans le creux de ma main noire ; cette eau a son parfum, son bouquet, son arôme. Je la bois respectueusement. C'est le sang de ma terre, le sang de mes forêts et de mes chaumes qui s'en va, pure, se mêler à d'autres, vers un destin prodigieux. Lentement sécrétée par une fissure qui bée comme une plaie, cette eau file entre les pierres, sans que personne ne puisse la retenir, pas même ces barrages que j'y construis, en ramille, pour servir d'abreuvoir à mes bêtes.

Lorsque je vais au village, je la vois encore, bien reconnaissable par sa limpidité, se jeter près de l'arche grise, dans la rivière, plus grosse, qui la conduit vers l'aval ; elle y forme des remous de rage, parce qu'elle refuse de s'assimiler, de s'amalgamer, de se mélanger. Est-elle vaincue, à la longue ? Au contraire conserve-t-elle sa pureté, son parfum de feuille morte et de calcaire ?

J'y pense souvent lorsque je la vois s'échapper de mes abreuvoirs de fortune. J'ai souvent rêvé qu'elle demeurait intacte, éternellement, et que quelque part, dans l'immense creuset où vont les eaux de tous les pays, elle conservait son éclat, sa transparence et comme un parfum de ces friches où frissonnent des graminées, de ces bois escarpés où bondissent les renards, et ainsi elle symbolise, au loin, cette contrée bourguignonne qui l'a suée, goutte à goutte, l'enrichissant de son sel, après l'avoir reçue du ciel.

Ainsi sont les âmes. Elles se mélangent parfois, après avoir quitté la petite patrie, à d'autres âmes venues de partout, elles se mêlent dans le plus odieux des creusets, dans la plus bruyante des promiscuités, mais elles gardent le bouquet, la saveur et l'accent qui rappellent le terroir.

4

Il monte de toutes ces choses que je contemple à longueur de journée une chanson extraordinaire que j'ai voulu transcrire ici. Il me semble que, si je partais un jour, cette chanson me parviendrait par-dessus tous les obstacles et que je ne pourrais résister à cet appel. C'est en vivant cette vie, c'est à contempler toutes ces choses que l'idée m'est venue d'écrire ces contes. C'est avec joie, à cette heure, que je me tourne vers mes humbles parents pour leur dire : « Couchés sous le tumulus délaissé du petit cimetière bourguignon, à l'ombre des grands ormes, vous dominez, près de l'église, toute cette région où j'évolue. Par tous les temps, vous pouvez me voir, suivi de mes chiens, grimper les côtes et courir les forêts, vos âmes peuvent venir frôler la mienne, ainsi vous sentez que je suis heureux. Vous savez que c'était mon rêve d'échapper ainsi à la discipline des hommes, de m'évader de ce cercle étroit et mesquin qu'est la société, de ne supporter la présence que des choses de la nature, de prier, de m'extasier à toute heure, sans ordre et sans raison, et enfin de profiter du peu d'instruction que vous m'avez donnée, au prix d'énormes sacrifices, pour écrire ces contes, à la gloire de notre Bourgogne. »

On s'étonnera, dans ces pages, de ne lire jamais certains

mots dont l'usage me semble impur. Ainsi, très peu souvent rencontrera-t-on le mot « route », à peine y parlerai-je des chemins, il y sera plutôt question des sentiers, des sentes, mais encore davantage des espaces sans limites où les arbres et les herbes, croissant à leur guise, forment ce que les savants désignent sous le nom d' « espaces sylvo-pastoraux de Haute-Bourgogne » et ce que, dans le pays, nous nommons : les friches et les bois.

L'expédition de Vif-Argent

La maison familiale était là, bien assise, dans un repli de la campagne, solide comme les plantes rupestres qui l'environnaient. La façade était jaune comme de l'or mat ; c'était une couleur empruntée au soleil ; son toit paraissait brun et, cependant, il était fait de pierres plates qui se chevauchaient ; chaque pierre était couverte d'une mousse qu'on nomme « le pain des oiseaux » et qui est rousse.

Il n'y avait qu'une clôture, celle qui protégeait le jardin où les allées étaient bien régulières ; ailleurs c'étaient des sentiers imprécis qui conduisaient au puits, à la basse-cour, au lavoir, au verger, et enfin sur le chemin.

Au-delà de ces aîtres familiers s'étendait un terrain varié, avec des arbres, un pré, une jonchaie minuscule et un réseau de petits chemins piétinés, comme en font les moutons dans les passages souvent fréquentés. Un peu plus loin, on voyait enfin le tumulte rougeoyant des toits du village, avec tout un désordre de ruelles, de murettes, de marronniers ombrageant des cours où les volailles faisaient causette.

Au-dessus de tout cela, un larrey, c'est-à-dire une côte sèche et bien exposée, où les petites vignes alternent avec des friches et des vergers jusque sous les éboulis et les roches ; enfin, la vallée de l'Ouche se devinait, entre les montagnes qui bornaient l'horizon.

C'est là que vivait « Vif-Argent ».

Pour chacun d'entre nous, l'Univers est formé de mondes étagés, dont le centre commun est la maison ancestrale. On apprend à les connaître graduellement, au fur et à mesure que l'on s'enhardit à s'éloigner un peu plus du sanctuaire familial. On est heureux tant que, aussi loin qu'on soit, on conserve des attaches avec lui. Au contraire, le jour où l'on perd toutes relations avec « la maison », on a le cœur bouleversé : tout est désormais changé dans la vie.

Vif-Argent, comme les autres, était soumis à ces lois. S'il avait su, bien sûr, il ne serait jamais parti, mais pour savoir, il fallait qu'il osât partir. Comme son âme était riche et son esprit fort éveillé, il brûlait de connaître, de voir, de sentir, et le cercle de la petite cour, du bûcher embaumé, de la chambre à four et du jardin fut bientôt trop étroit pour lui ; c'est pourquoi il organisa longuement une expédition gigantesque qui, dans son esprit, devait lui permettre de découvrir le monde.

Toute la région, ce jour-là, bruissait de vie. Les basses-cours s'égayaient de caquets et de bruits d'ailes, le fond de la vallée frissonnait de tous ses peupliers. On entendait mille cris, on n'en identifiait aucun.

La grand-mère Étiennette, assise sur sa chaise blanche, semblait fixer, de ses yeux morts, un point lumineux de l'espace. De temps en temps, elle disait : « Ô ma mie [1] ! »

1. Dans la prononciation, le [i] est long. Le « ô » vocatif était fréquemment utilisé en Bourgogne rurale dans les premières décennies du siècle.

Et Vif-Argent devait répondre : « Oui ! »

C'était le seul contrôle que l'aïeule pût se permettre puisqu'elle était devenue presque aveugle.

Vif-Argent n'avait jamais senti la précarité de cette surveillance. Il savait que la vieille ne voyait pas, mais il n'ignorait pas que son petit doigt savait tout. Il venait parfois près d'elle et se blottissait dans son tablier qui sentait le linge propre et l'armoire ; elle le caressait et disait : « Petiot Vif-Argent ! »

C'était elle qui lui avait donné ce nom, car pour elle, vieille campagnarde, l'humanité se divisait en quatre catégories d'hommes : les « Sangs-bouillants », les « Vif-Argents », les « Endreumis [1] » et les « Daûdis [2] ». Elle classait rapidement dans une de ces catégories chacun des êtres qu'elle approchait.

Lorsqu'elle vit grandir auprès d'elle cet arrière-petit-fils, bruyant, nerveux, et qu'elle pressentit son caractère passionné, elle s'écria : « C'est un Vif-Argent ! » Et ce nom était resté à l'enfant.

Depuis, elle avait accepté de le surveiller dans ses ébats, et pour cela, elle s'asseyait sur sa chaise blanche, immobile devant la maison familiale et, de temps en temps seulement, lançait son appel monotone.

Ce jour-là, donc, Vif-Argent combinait un large plan d'évasion. Il aurait pu, sans plus chercher, ouvrir le portillon et descendre vers la jonchaie puis, de là, s'enfuir sans trop savoir où. Mais cette solution lui sembla trop simple et trop délicate à la fois. Il préférait passer par le jardin, grimper dans le cognassier qui se penchait sur la haie puis,

1. Endormis.

2. Niais, simples d'esprit. Le féminin est « daudiche », qui signifie « godiche ».

suspendu ainsi au-dessus de la liberté, se laisser glisser sur de l'herbe inconnue, nouvelle et infiniment douce. Cela représentait pour lui un beau tour de force, il l'accomplit cependant facilement, mais lorsqu'il foula du pied cette terre étrangère, il lui sembla qu'en quelques secondes il s'était trouvé transporté à des lieues de la grand-mère Étiennette dont il n'entendait plus la voix.

Au lieu de l'herbe tendre, il avait trouvé, de l'autre côté de la haie, un terrain neutre planté d'orties et de bardane dont les capitules en fleur s'accrochaient à ses vêtements. Il se hâta de quitter cette zone pénible où ses petites jambes étaient écorchées par les végétaux ; le temps qu'il mit pour en sortir lui parut interminable. S'il avait su, bien sûr, il ne serait jamais parti, mais pour savoir, il fallait qu'il osât partir.

Ensuite, il voulut voir comme il était déjà loin de la maison. Il se retourna, mais il ne la vit pas. Il n'aurait pu dire si elle était proche ou lointaine, car il ne la reconnut pas, au milieu des autres aux toits rouges. Puis un chat jaune et noir bondit dans le chemin et lui fit grand'peur : c'était le chat de la maison que Vif-Argent caressait bien souvent, au coin du feu. L'animal s'arrêta dans le chemin. Vif-Argent tendit la main pour le caresser encore et il lui dit : « Minet ! »

Mais le chat lui répondit : « Je ne m'appelle pas Minet, je ne te connais point. » Il disait cela à sa manière, en langage chat, que Vif-Argent comprenait très bien ; l'animal ajouta tout bas : « Si tu veux me donner un morceau de la tartine que tu tiens, je redeviendrai Minet et je te connaîtrai. »

Comme ce discours troublait le cœur de Vif-Argent, il recula ; le chat comprit à ce geste qu'il n'aurait pas la tartine, alors il tourna la tête et s'enfuit en trottinant sans bruit, les yeux mi-clos, comme s'il n'eut jamais connu le petit garçon.

Ah ! ce fut une pénible expérience pour Vif-Argent ! Il se révolta : il l'aimait pourtant bien, ce chat, et n'avait jamais manqué l'occasion de le lui prouver, et maintenant qu'il avait besoin de son appui, de sa présence, le chat s'enfuyait : « Je ne suis pas Minet ! »

Et Vif-Argent sentit ses lèvres trembler et les larmes monter à ses yeux.

Tout lui paraissait extraordinaire depuis les haies vives de prunelliers, jusqu'aux nuages qui passaient gentiment leur chemin ; il était triste, le poids de la responsabilité lui semblait lourd, la solitude était pénible. S'il avait su, bien sûr, il ne serait jamais parti, mais pour savoir, il fallait qu'il eût osé partir.

Puis, un peu plus loin, il vit son image se refléter dans l'eau de la jonchaie, il s'aperçut qu'il était méconnaissable : à la maison, il était grand, gros, lui semblait-il, si grand, si gros qu'on ne s'occupait que de lui, et là, dans ce miroir, il était petit, petit, tout petit, comme le nain dont il était question dans les histoires de la grand-mère Étiennette. Et, dans l'eau de la jonchaie, il ne se reconnut pas lui-même.

Alors, comme tous ceux à qui cette terrible chose arrive, il eut peur, réellement peur et se mit à courir. Mais les herbes, comme des petits serpents verts, enlaçaient ses jambes pour le retenir. Il pensa, avec un frisson : « C'est drôle, ici je ne reconnais personne et personne ne me reconnaît. » S'il avait su, bien sûr, il ne serait jamais parti...

Il entra alors, comme tous ceux qui l'imitent, grands ou petits, dans la deuxième phase de son expédition, c'est-à-dire le moment où, seul, perdu parmi des êtres indifférents, ayant mesuré l'ingratitude des faux amis et la monotonie de la découverte, on cherche à retrouver l'ambiance de jadis où l'on peut éprouver chaque jour la fidélité des cœurs dévoués et le réconfort que l'on puise dans la présence chère des choses connues.

Quelque part, là-bas, il sentait qu'on le cherchait, qu'on l'attendait ; là-bas était le calme, là-bas était le bonheur, mais, désorienté, il ne savait dans quel sens se diriger pour retrouver la petite cour.

Il y avait un excellent moyen : c'était de crier, d'appeler, mais il n'était pas encore assez brisé, assez découragé, pour avouer ainsi sa détresse : un vieil orgueil l'en empêchait, tenace. Le mieux était, pour l'instant, de s'activer, d'explorer toutes les sentes, toutes les haies, tous les vergers ; s'il réussissait, il reviendrait auprès de la grand-mère Étiennette et ne parlerait à personne de ses déceptions.

Il se mit donc à courir dans tous les sens. Il allait, il croyait se diriger vers le portillon, du côté de la façade claire où la grand-mère rêvait, mais il se dirigeait, au hasard, dans des lieux inconnus où tout lui semblait fantasmagorique. Il dut traverser des haies, en rampant, en se déchirant aux épines, parce que, de l'autre côté, il lui semblait apercevoir la façade de la maison ou le bonnet tuyauté de la grand-mère, mais à chaque fois, c'était la déception la plus cruelle, et les oiseaux riaient dans les arbres.

Il passa dans un bourbier dont la vase souilla ses petits pieds sans qu'il s'en rendit compte, parce qu'il marchait, les yeux levés vers le ciel, comme pour appeler Dieu à son aide... Ah ! s'il avait su, bien sûr, il ne serait jamais parti.

Son cœur était partagé entre l'inquiétude et l'effroi. Sa petite vieille grand-mère lui apparaissait, il lui semblait entendre : « Ma mie ! » Cet appel ne lui paraissait plus monotone : c'était une véritable chanson qui manquait à son oreille.

Il rêvait au bonnet tuyauté de la vieille, à son tablier qui sentait la lessive et l'armoire.

Il marcha donc sans s'arrêter, longtemps, longtemps ; il poursuivait le double but suivant : retrouver le calme de la petite cour, devant la façade claire, et revoir sa grand-mère Étiennette.

Cette petite cour ne lui paraissait plus trop exiguë, trop monotone, et la vieille n'était plus une très vieille femme aveugle qui, s'effaçant, se sacrifiant aux jeunes, désirait qu'on la dédaignât. La petite cour et la grand-mère symbolisaient maintenant la force calme et sereine de l'amour et de l'ambiance familiale.

À force de marcher, il arriva dans un verger qui descendait en pente sur une petite maison dont la façade était jaune comme de l'or mat et dont le toit était roux. Il buta contre une taupinière, tomba, se fit très mal, et il hurla de douleur. Mais, bien sûr, personne ne vint le relever, alors immédiatement il se tut. Pourquoi pleurer lorsqu'on est seul ? Mais comme cela lui parut pénible de souffrir sans que quelqu'un compatît à son malheur ! Et les pies, sur les aubépins, se balançaient en ricanant.

Enfin, il entendit des voix humaines, il perçut des cris, des appels.

Sans qu'il s'en fût rendu compte, il était revenu dans le verger, près de la petite maison. Il courut enfin, pressé de dire à tous : « Me voilà, me voilà ! »

Il entendit : « Mon Dieu, te voilà ! Que nous avons eu peur ! »

Il aurait voulu dire : « Et moi, donc ! »

Mais il se garda bien de parler ; on l'entraîna brutalement par la main, plus vite que ne pouvaient aller ses petites jambes, on le précipita devant un sanhédrin familial que l'effroi avait réuni, on sonna l'hallali pour ceux qui continuaient leurs recherches, dans l'eau de l'abreuvoir, dans le puits et sur la route lointaine.

« Le voilà ! Il est retrouvé ! »

Lui, il se trouva niaisement jeté devant ce tribunal : ses mollets lacérés par les ronces et sa mine éplorée disaient assez ses malheurs, ses souffrances, mais ce qu'on ignorait, c'était cette rancœur inexprimable à l'égard du chat, cet ami, ce protégé de la maison, et qui, là-bas, n'avait pas voulu le reconnaître : « Je ne suis pas Minet... »

Ô ! instant cruel dont Vif-Argent se souviendrait toute sa vie !

On se garda bien de lui montrer la joie de l'avoir retrouvé ; au contraire, il fut tancé de belle façon, cependant, il fut accueilli comme s'il s'était absenté fort longtemps. Il était, certes, allé très loin. Son absence, en tout, n'avait pas duré plus d'une demi-heure, mais le chemin parcouru était considérable ; il était lui-même étourdi, éperdu, étonné : entre le cognassier penché sur la haie et la taupinière du verger, il y avait le monde entier.

On voulut le punir.

La grand-mère Étiennette ne disait rien ; il semblait que, dans son esprit lucide de vieille aveugle, elle était remontée dans son passé et que, évoquant les années lumineuses de sa vie de matrone robuste, elle revivait les heures pénibles où certains de ses enfants étaient partis vers la ville, avides d'illusoires libertés et d'opulence factice. Elle songea enfin à l'aîné de ses petits-fils qui s'était enfuï et qui, jamais, n'avait donné de ses nouvelles... Était-il heureux ? honnête ? Était-il même vivant, à cette heure ? Et tandis que les parents et grands-parents sermonnaient son petit Vif-Argent, elle, l'aïeule, pensait aux heures pénibles de sa vie, celles où, un par un, elle avait vu les « esprits forts » abandonner la maison familiale.

On cherchait une punition exemplaire, pour châtier l'enfant de sa désobéissance, une punition sévère, point brutale, certes, mais sensible à sa petite âme. Et la vieille dit, lorsqu'il fut parti « au coin » : « Laissez-le, il est assez puni comme cela ! »

On fut à peine de son avis ; elle fut taxée d'indulgence coupable et même soupçonnée de complicité : aucun ne pouvait comprendre ce qui se passait dans son esprit qui allait bientôt avoir l'expérience d'un siècle.

Vif-Argent, figé dans son coin, sanglotait. Oh, ce n'étaient pas des sanglots de repentir ; il n'avait rien fait de mal en somme, il avait simplement voulu « savoir », et en cela il n'avait fait qu'imiter ceux qu'on lui représentait comme étant les moins fous d'entre nous. Ce n'était pas de honte non plus car, enfin, être « au coin » n'est pas humiliant pour un philosophe.

Mais il aurait voulu dire : « Ô maman, ô papa, ô grand-mère Étiennette, ô vous tous ! Comme je fus malheureux lorsque je crus que je ne retrouverais pas la maison et l'ambiance de calme et de joie qu'on ne trouve que là ! »

Lorsqu'il fut apaisé, il recommença à jouer, toujours dans son coin, avec des petits cailloux qu'il avait dans sa poche. La grand-mère l'entendait battre ces petits cailloux l'un contre l'autre, et elle souriait, ou plutôt ses lèvres seules souriaient, car ses yeux, je l'ai dit, étaient éteints pour toujours.

Puis il se surprit à chanter, car il oubliait même qu'il était « au coin ». On l'entendit, on se précipita pour lui dire : « Tu chantes ? Tu n'as pas honte ? »

Mais la grand-mère Étiennette leur dit à tous : « Voilà mon Vif-Argent bien puni, puisqu'il est devenu aussi savant que le plus savant d'entre nous... S'il avait su, bien sûr, il ne serait pas parti, mais pour savoir, il fallait qu'il osât partir. » Et elle prononçait cela dans un patois merveilleux et sonore qui donnait, grâce à sa rusticité, un air de sagesse et de bon sens à tout ce qu'elle disait.

La pie du Toussaint Vendrot

Toussaint Vendrot mettait son chapeau n'importe comment, à l'envers, de travers, cabossé. Pas d'importance ! Une envie de rire lui tordait les lèvres : quelles rigolades, grand Dieu ! Il avait une voix forte de Bourguignon, une voix d'Auxois qui sait rouler le juron pour conduire les chevaux, une voix qui sait invoquer le « tonnerre de Dieu » et qui permet de se passer de valet de charrue. Quelles rigolades, bon Dieu ! et des claques sur les cuisses et des coups de poing à l'estomac et des bourrades !

« Quel faraga [1] ! » disaient les uns.

« Une riche nature ! Il a du sang ! » disaient les autres.

On entendait sa voix dans toutes les fêtes : « Hé ! Poltron, viens voir ta gueuse qui danse avec le Louis ! » car les malheurs des autres l'égayaient, il aimait les étaler au grand jour, et de rire ! Aux quilles, il s'approchait, posait sa mise sur le tas et disait : « Regardez-les, vos sous, regardez-les bien, c'est la dernière fois que vous les voyez ! » Il saisissait une boule qui tenait tout entière dans sa main comme une gobille [2] dans la main d'un petiot. Il retroussait sa grande moustache à poils raides :

« Regardez-les, vos sous, et rangez-vous que je

1. Faraga : très actif, aux gestes brutaux et maladroits.
2. Grosse bille ou calot.

n'assomme personne. » Il visait en reculant et en clignant de l'œil, la boule levée à hauteur des yeux. « Regardez vos sous qui vont s'envoler, disait-il encore, c'est le Toussaint Vendrot qui les emporte ! » Même les plus fins tremblaient, la mine toute grise.

Il s'élançait, le torse bombé. « Je tombe toutes les quilles », hurlait-il. La boule, une fois lâchée, bondissait, montait sur le bord humide de la piste, le suivait jusqu'à mi-chemin puis revenait prendre les quilles par le revers, en diagonale, et toutes les quilles tombaient, avec le bruit des bûches qui roulent à la scierie. Le Toussaint ramassait les enjeux en disant, les yeux ronds : « Oh ! toute la galette pour le Toussaint Vendrot ! Oh !... et y en a, dix, vingt, trente, oh ! C'est pas croyable ! oh bon Dieu, quelle rigolade !... » Il emmenait les perdants à l'auberge et dépensait deux fois plus qu'il n'avait gagné. Quelle rigolade ! À vrai dire, il était le seul à rire. Puis il passait à la petite loterie foraine de la mère Combeau ; les enfants le suivaient, comme les sansonnets suivent les bœufs dans les pâtures. « Je joue et je gagne ! » Il misait sur le rouge, le rouge sortait et gagnait du mauvais mousseux. « Quelle rigolade, bon Dieu, oh ! oh ! »

Lorsqu'il se trouvait entouré de femmes et de filles, il leur disait : « Vous voulez-t-y voir mon poil que j'ai ? »

Toutes riaient : « Oui, fais-nous voir ton poil ! »

Il écartait son gilet puis sa chemise, à la hauteur du sternum et, glorieusement, exhibait une toison rousse de poils brillants qui couvrait sa poitrine ; les filles poussaient des cris :

« Oh ! je voudrais point coucher avec toi !

– Pourquoi ? qu'il disait.

– Ça doit piquer dur !

– Pourquoi qu't'y rase pas ? disait une autre.

– Raser ça ?... Mais c'est de la force que je m'enlèverais ! Quand vous voyez du poil comme ça sur la peau, c'est que l'homme a le sang fort ! »

Il frappait à main plate sur son thorax et ça sonnait comme des coups sur une feuillette. « Écoutez !... si ça résonne profond ! »

Elles écoutaient, tâtaient son poil, et les plus hardies en prenaient une pincée et essayaient de lui arracher.

À la charrue, il chantait, jurait, sifflait... Le travail aussi, pour lui, c'était une rigolade. L'été, au moment où les orages crèvent sur la région bourguignonne, il rayonnait : « Hein ! Croyez-vous, quel beau temps ! »

Les autres serraient les fesses de peur que la grêle ne tombe, et la grêle tombait, hachait les pousses, couchait les blés, en une heure les efforts d'une saison étaient anéantis ; on le rencontrait, hilare : « Figurez-vous que l'orage a ravagé le champ du Glaude, qu'est de l'autre côté du chemin, mais ravagé à fond, pelé, bouffé, haché, que ça en fait pitié pour le Glaude... Mais la grêlée est passée à côté de mon champ. »

C'était vrai, son blé était droit et ferme, sans une morsure, sans une meurtrissure ; c'en était révoltant et cela devait causer son malheur, en somme. Si encore il avait eu la pudeur de ne rien dire, de se borner à se réjouir en silence, certains airs de commisération font tant de bien aux éprouvés : « Pauvre Glaude, t'es bien atteint ! Pas de chance quand même ! »

Mais non, il pérorait en riant : « Le Glaude est bouffé, rasé, tondu, alors que chez moi c'est dru comme au printemps ! »

Pas de pudeur, qu'il avait, le Toussaint, et pas de cœur, faut croire.

On disait : « Il a eu de la chance, oui, mais il a la gloire trop bruyante, on le lui reprochera. »

Tout cela n'eût été rien sans la pie, une pie qu'il avait

prise au nid lorsqu'il allait encore à l'école, une pie qu'il avait élevée et qui s'était attachée à son maître, prête à le défendre comme un chien. Elle était jalouse des femelles, elle sentait ça à l'approche. Même la chienne ne devait pas toucher le Toussaint ; lui, supportait cette jalousie en rigolant : « Elle m'aime, quoi ! » qu'il disait. Lorsqu'une femme approchait, c'était pis, elle harcelait le jupon et tentait de passer par en dessous pour aller pincer les cuisses, au-dessus du bas, avec son bec noir.

***

Ce matin, le Toussaint a sorti un pied de dessous le drap qui sent fort, et il tâte l'air pour voir : sur les dalles, il glisse un petit vent qui vide l'âtre de sa cendre et, comme le Toussaint se tâte le bout du nez, il sent qu'il est froid et sans vie ; une lueur blanche passe par la lucarne et vient le réveiller. Voilà que le feu va être bon !

Il est vite levé, juste une culotte et une grosse veste de bouège [1] et les pieds nus dans les sabots garnis de paille écrasée. Il va tout de suite au bois qui dort à côté de la cheminée, il jette une poignée de sarments rouges qu'il a ramenés de la vigne et le feu siffle, déjà plus vaillant que l'aube qui ne se décide pas.

Il sort sur le seuil, les herbes sèches sont rebroussées par la bise ; cinq heures du matin qu'il doit être ! Alors il pense qu'il a posé des collets et que la lumière est juste bonne pour les relever.

Il referme la porte derrière lui et enfonce son chapeau rouge jusqu'aux oreilles ; le feu, dedans, est prêt pour le père ; lui, tout jeune et tout chaud, plein de sang comme une pouliche de deux ans, va déjeuner d'un bol d'air froid sous les chènevières, près du ruisseau. Il est heureux, mais

1. Tissu rustique.

il ne siffle pas, il est en faute, il marche à pas de loup, au-dessus des mottes gelées, pas dans les creux où le sabot fait une marque ; il saute le premier talus et découvre le village, à main droite ; il ne regarde pas les fenêtres, ni les portes, il regarde les cheminées et il sourit, sous son chapeau rouge, car il voit que seule sa cheminée est éveillée ; elle fume un petit filet plus blanc que la première aube, un filet qui est tordu aussitôt qu'il prend le vent, au-dessus de la girouette ; il embrasse d'un coup d'œil toute la région, il la sent pétrifiée par la gelée, durcie par le froid ; il se penche pour voir les herbes, il en prend une dans ses doigts, elle se casse comme un fil de verre. Il pense : « Tout est gelé jusqu'à l'âme, vaudrait mieux de la neige, bien épais de neige » ; mais il rit, car il pense : « Moi, j'ai pas de grain dans la terre, je sème tout en carême. »

Au ruisseau, l'eau coule sous la glace, en faisant des bulles qui se promènent dessous, comme dans un niveau de maçon. C'est là qu'il faut prendre ses précautions, les collets sont à cent mètres. Il monte le long du petit bois où le chiendent crie sous le sabot, il a l'air de flâner, mais son corps est tendu, ses yeux regardent, ses oreilles écoutent, ses jambes le supportent, toutes prêtes à lui obéir ; il fait, sans en avoir l'air, le tour de l'horizon, il a tout vu, tout compris ; encore un détour et il verra si ses collets étaient bien ou mal placés ; il se glisse dans la broussaille qui précède le bois, passe une première fois devant ses collets ; ils sont là, il le sait, mais ne se baisse pas : il se contente de passer.

Dans le premier, rien ; dans le deuxième, rien ; dans le troisième, rien encore : « Bon Dieu ! la guigne ! » Mais au quatrième, de loin, il voit l'herbe tout aplatie, toute remuée, comme dépeignée. Il approche et voit un beau lièvre étendu, le menton serré contre le poitrail, le poil tout froissé par la lutte ; il le regarde en coin et passe. Au bout de la broussaille, il s'arrête et attend deux minutes, puis revient, le couteau ouvert ; au passage, il cisaille la branchette qui retient les collets vides, en fait une poignée qu'il enfonce dans sa poche et passe au suivant, et garde le lièvre pour la fin ; mais il s'est perdu dans le hallier et ne retrouve plus ses marques sur lesquelles il doit s'aligner, car il fait encore nuit ; patiemment il revient à la charge, et tout à coup trouve la trouée où il s'engouffre : voilà la touffe de clématite, voilà le noisetier, le lièvre est au pied, couché raide.

Le Toussaint se baisse et cisaille la branche qui retient le collet ; le bois craque, gelé et cassant ; maintenant voici que le lièvre est dans la culotte du Toussaint, il fait froid sur sa peau, mais le Toussaint ne sent pas le froid ; il se met à trotter, de côté, pour regagner le ruisseau. Le voici de retour au talus. Le village est plus blanc qu'au départ, mais à peine, les vieux murs sont laiteux, une seule fumée oscille au-dessus des toits : celle du Toussaint qui a les oreilles coupées par le froid. Il s'en réjouit ; il a la poitrine dilatée par un bonheur simple et fort, et rigole en passant par l'écurie où la jument broie les derniers grains d'avoine qu'elle trouve dans sa mangeoire. Il chante maintenant, à pleins poumons, il saute de joie. « Ah bon Dieu ! quelle rigolade ! » Il ne pense pas que le père, qui est en enfance, a pissé dans son lit, comme un petiot ; il pense au lièvre qu'il sent, soyeux, sous ses vêtements, au creux de l'aine.

Comme il pousse la porte, il voit sa pie qui se dandine près du feu : elle plonge le bec dans un verre de vin resté là de la veille, et avale par petites becquées, en tapotant les ailes ; elle glousse et bave sur son jabot ; ses paupières sont lourdes et son œil torve : elle dit des bêtises et semble rire en hoquetant ; elle est saoule, elle s'affaisse au coin de l'âtre. Le Toussaint éclate de rire : « Tu te réchauffes les boyaux ! » Il se frappe des grands coups sur les cuisses :

« Oh ! la saloperie... saoule qu'elle est, saoule comme un Polonais ! oh ! »

« La Pie ! viens voir ! Viens voir le lièvre qui était dans les collets ! » Il déboutonne sa culotte, les jambes écartées aux genoux, pour l'empêcher de tomber et, de la main gauche, il retient le levreau par les reins. Le voilà, la Pie ! Il le jette en l'air en ramenant la culotte sur son ventre et le lièvre tombe, roide comme un bâton. Mais sur le fumier gelé de la cour, le Toussaint entend des pas et un homme qui tousse traverse l'allée.

« De si bonne heure, qui ça peut être ? » Il pense à un gendarme qui l'aurait suivi, mais qui serait revenu par le chemin, en évitant le raccourci. « Dieu de Dieu ! » Il prend le lièvre par une patte et le jette dans son lit qu'il recouvre : il n'a pas fini qu'on frappe.

« Allez, entrez ! » dit le Toussaint.

Et on entre.

« Mauvais, qu'il fait, c'est du vrai froid. »

Toussaint n'est pas encore bien sûr : il fait noir dans la salle, il n'y a que le feu qui éclaire. Qui c'est, bon Dieu ! mais il répond : « Boh ! ça tue la vermine !

– Trop froid, Toussaint, trop froid, les arbres éclatent ! »

Cette fois, il a reconnu : c'est le vieux Mallard, le maire. Il peut bien avoir quatre-vingts ans ; c'est un brave homme, enrichi par son travail, un homme à la vieille mode avec un chapeau noir, rond et large du bord ; il boite et aime un peu l'alcool, il a une haleine forte de vieux sanglier et des mains faites de rides noires ; son nez est gros comme une pomme de terre et ses oreilles sont bouchées de poils blancs. La pie saoule, à ce moment, sort de son lit de brindilles, elle vole jusqu'au visage du vieux comme si elle voulait lui arracher l'œil.

« La Pie ! ici !

– Voilà, Toussaint, c'est rapport à ta pie ! L'autre jour, ceux du pays sont venus, ils ont dit : " Cette pie vicieuse est de mauvaise influence pour toute la commune, il faut la faire disparaître ! C'est elle qui attire la grêle et le froid, c'est elle qui est cause de tous nos malheurs. " »

La Pie lui sauta aux yeux après être montée sur la table.

« Toussaint ! fais tenir cette agasse tranquille, voyons ! »

Toussaint sourit.

« Je leur ai dit, reprend le vieux, " Croyez-vous qu'il soit besoin de déranger un vieillard pour ça ? Vous êtes là toute une bande de gens décidés, que je leur ai dit, allez faire votre commission vous-mêmes ".

– Oui, pourquoi qu'ils sont pas venus ?

– Ils n'ont pas osé, la bête les effraye. »

Toussaint regarde les petites cabrioles des flammes autour des morceaux de charbonnette.

« L'est pas maligne pourtant ! dit-il bêtement.

– C'est pourtant pour elle que le pays est sens dessus dessous !

– Pas vrai ?

– Oui, mon petit... Comme les autres ne voulaient pas venir, j'ai dit : " Bon, j'irai, moi. Venant de moi, le Toussaint ne le prendra pas mal... " Voilà, ils tiennent ta pie pour responsable de toutes sortes de choses... Elle vole, elle pille, elle les fait endêver [1], elle est dangereuse pour les enfants, elle veut leur arracher les yeux.

– Pas vrai ?... On m'avait pas dit, murmure l'autre qui flatte mollement l'oiseau blotti dans son giron. L'est pas maligne pourtant.

– Elle est dangereuse, Toussaint, dangereuse que je te dis... Il te faut la tuer, elle porte malheur à tout le pays.

– La tuer ! Vous n'y pensez pas, que c'est comme qui

1. Enrager.

dirait ma seule famille, sauf le père qu'est en enfance, le pauvre vieux ! »

Ils restent silencieux :

« C'est pour ça que vous êtes venu ? demande Toussaint.

– Oui, c'est pour ça, pour le bien de la commune ! »

Alors le Toussaint se dresse :

« La tuer ? Vous ne savez pas que c'est plus qu'une pie, c'est une intelligence, c'est une vraie personne ; elle me berce, elle me conseille, elle me porte bonheur. C'est un oiseau mystérieux... »

Le lendemain, le père Baton mourait. « Une mort suspecte », disait le brigadier dont c'était le métier de trouver toutes les morts suspectes.

Le maire vint chez Toussaint, il avait une pâleur de cadavre et ses lèvres tremblaient. Il dit : « On l'a trouvé mort dans une mare de sang !

– Pardi, il se sera noyé », hurla Toussaint en éclatant de rire.

Mais le vieux ne riait pas, il continua : « Oui, mais sais-tu qui on a trouvé, perché sur le cadavre ?

– Ma foi non !

– Ta pie, Toussaint, ta pie ! »

Le grand Toussaint hocha la tête, plus que jamais il donnait à cet oiseau un pouvoir mystérieux, il en était tout rêveur ; il revoyait le jour où il l'avait prise, encore en poils, en faisant de la feuille [1] dans les frênes du Paloux ; il entendit à peine le maire qui lui disait :

1. Faire de la feuille : couper des branches feuillues (feuilles de frêne que l'on donnait en nourriture aux lapins).

« Tue-la, ta pie, mon petit, tue-la, le mieux serait de la brûler !

– Je ne veux pas.

– Je comprends que ça te répugne de tuer de tes mains une bête que t'as élevée, mais alors chasse-la dans les bois ; pas habituée comme elle est, un renard l'aura bientôt tuée.

– Je verrai ça. »

La nuit suivante, la pie jacassa depuis le lever de la lune jusqu'au jour ; c'était pendant la lune rousse et, comme la nuit avait été claire, la gelée, au matin, avait saccagé ce qui avait échappé aux rigueurs du début de printemps. « C'est un fait exprès », disait Toussaint Vendrot.

Les fleurs commençantes étaient noires comme de la cendre d'herbe, les pousses se recroquevillaient, avec la couleur des épinards cuits : « De la gelée en juin, voilà qui est terrible ! » On sentait que c'était la ruine dans les vergers et les champs ne valaient guère mieux, la ruine pour tous et pas gros de foin !

Tous ceux de Malerot partaient dans les chemins pour évaluer les dégâts de la gelée, chez eux comme chez les autres ; ils montaient le petit chemin de la Maladière pour voir si la gelée avait mordu dans le versant ; cela faisait comme une procession ou, plutôt, comme un enterrement. Les hommes en noir marchaient, les mains derrière le dos, les jambes écartées et tordues, les pieds en dedans ; ils étaient par groupes et ils s'arrêtaient pour repartir plus avant pour voir, pour voir.... Une boule leur roulait dans la gorge.

Assis sur son mur, dans le village perché, au-dessus de son talus, le Toussaint Vendrot les regardait aller ; il les voyait, de bien loin, se baisser pour regarder un blé : ils en prenaient une feuille et la palpaient, entre le pouce et l'index, comme on prend un tissu pour le tâter, et la petite feuille, toute roulée sur les bords, devenait humide à la chaleur de la main ; c'était grave, très grave ! Le Toussaint le sentait, accoudé sur le mur ; il les voyait, le long des emblavures, sur le coteau bien exposé ; il les voyait dans les vignes sous les roches ; il les voyait dans les pommes de terre, dans la terre rouge, sous le bois, et, comme un épervier sur la plus haute branche d'un arbre, il apercevait, depuis ses ruines encombrées de giroflées, toute la vallée et des bleus d'horizon jusqu'au-dessus d'Autun, et tout cela grouillait de gens désœuvrés qui venaient constater le malheur : dans les colza, dans les navettes, et même dans les prés. Par-dessus tout ça, un ciel frais, bleu comme de l'eau de source, un peu brouillé de pâte blanche du côté de l'est, dans le soleil, un ciel malin qui donnait envie de ginguer [1] et de chanter, un ciel de bonheur qui narguait le paysan, tout prêt à pleurer.

Alors le Toussaint les vit, au bas, se rassembler petit à petit le long des bornes de leurs champs ; cela faisait une petite foule qui se groupait et avançait par-dessus les clôtures, par-dessus les limites de champs maintenant stériles. Ils en rencontraient d'autres : on entendait des cris et ceux-là se joignaient à eux. Ils montaient droit sur le Toussaint. On aurait dit que la bande était comme un aimant qui attire de la limaille. Tous ceux de Malerot montaient par le ravin : ils couraient presque, malgré la pente et les gros cailloux déracinés qui roulaient jusque dans les chènevières.

Que le soleil était donc chaud, sur le mur du Toussaint ! Tout le vallon était vide d'hommes maintenant, il avait repris son calme et le ruisseau grondait, entre les peupliers tondus ; le Toussaint se gavait de chaleur, adossé au village tout jaune sur sa tête de colline. C'est alors que la troupe déboucha au-dessous du mur ; ils avaient chaud

1. Gigoter, danser.

d'avoir couru ; le parfum de leur sueur montait devant eux, poussé par le vent ; le Toussaint entendit des cris, lui il était bien calme, calme comme les maisons insensibles groupées autour des ruines du château, calme comme la nature, et sa pie volait autour de lui.

Quand la troupe fut sous lui, il entendit qu'ils criaient :

« Toussaint, tes blés ne sont pas gelés ; Toussaint, tes pommiers ne sont pas gelés ; Toussaint, tes patates n'étaient pas encore sorties, il n'y a pas de mal dans tes champs.

– De la veine que j'ai ! »

Dans leurs voix, il y avait comme un regret, un regret jaloux : Pourquoi nous et pas lui ?

« Tant mieux pour moi ! Pas vrai ? » disait le Toussaint.

La bande accueillit ces réponses en silence, cela leur tombait dessus comme des grands seaux d'eau froide. Alors une femme, une journalière que Toussaint connaissait bien, se mit à hurler, sans crier gare :

« Tue ta pie, Toussaint, tue ta pie !

– Pourquoi que je la tuerais ? ça ferait-y revenir vos blés ? »

La bande hurla : « Oui, peut-être ben que ça les ferait revenir ! »

Toussaint se mit à rire, en tapant sur ses cuisses !

« Bon Dieu ! Que vous êtes bêtes de croire des choses pareilles !

– C'est un oiseau de malheur, elle attire la guigne sur tout le territoire ! »

Un autre criait : « Tu ne nous as jamais dit d'où il venait, cet oiseau, il vient de l'enfer, c'est sûr !

– Bête !

– Bête ? Pas si bête que toi, pas si méchant surtout !

– Méchant ? Dis-le que je suis méchant, dis-le ! »

Le Toussaint sauta du mur, dévala le talus, tomba dans

le petit chemin qui se coulait entre les murs secs et chauds comme des fonds de four.

« Dis-le que je suis méchant !

– Méchant et bête, oui ! »

L'homme reçut un coup de poing, mais les autres s'accrochèrent au Toussaint, ils l'auraient déshabillé.

« Tue ta pie ! hurla la femme.

– Ferme ton bec, toi.

– Tue ta pie ! crièrent des voix.

– De la zut !

– Tue ta pie qui nous envoie tout le malheur et te garde toute la chance, c'est pas de la bonne politique, ça.

– Vous êtes jaloux, voilà ! Vous voudriez que je sois au diable !

– Oui, au diable, ou ben que tu tues ta pie !

– Je tuerai pas ma pie !

– Alors t'iras au diable ! T'es si malin que tu tenteras ben ta chance n'importe où !

– Va t'en courir le monde ! T'es si industrieux ! »

Le dimanche suivant, il s'habilla de neuf, il se fit beau, il ne savait pas pourquoi ; après la messe, il descendit chez l'Eusèbe qui débitait du vin, des boissons, à côté de son fournil ; comme il entrait, les casquettes s'enfoncèrent sur les yeux et les voix se turent. En s'asseyant, il entendit un murmure :

« Qu'il parte d'ici, avec son oiseau, la Sidonie ne le pleurera pas. »

Il s'était levé, pâle, la moustache tremblante, et déjà prenait une chaise par le dossier, prêt à la manier pour assommer :

« Quoi que vous lui voulez à la Sidonie ? »

Silence. On entendait le grillon du fournil et la raclette du mitron, dans le pétrin.

« Quoi que vous lui voulez ? »

Il en prit un par l'épaule, au hasard, mais il se sentit ceinturé par-derrière et soulevé de terre ; son beau chapeau s'enfonça sur ses yeux, mais il fit un moulinet croisé avec ses deux jambes et mordit au hasard, mais il ne voyait plus rien : il était comme paralysé, lui si fort. Il sortit du débit, tenu par quatre gars qui ne le ménageaient pas.

« Tue ta pie, Toussaint !

– Trop fiers que vous seriez, hein, si vous me voyiez la tuer !

– Alors, Toussaint, il faut partir d'ici.

– J'allais la tuer, dit le Toussaint, mais puisque c'est comme ça je la tuerai pas !

– Alors, fous ton camp ! Nous ne pouvons pas subir tous les malheurs à cause de ton orgueil !... Puisque tout te réussit, va à la ville, là-bas ; toi qui es si malin, tu ne pourras même pas trouver une place ! »

Ils le laissèrent à la porte, sur le pâtis où les poules allaient et venaient, le dimanche comme les autres jours.

L'après-midi, il n'alla pas jouer aux quilles, il resta sur son mur, à guetter il ne savait quoi, dans la campagne pleine de soleil, qui s'étalait sous lui comme un tapis. Il avait mis son père sur le banc chaud, le dos à la muraille qui lui faisait comme un solide dossier ; le père était tout propre : la Sidonie était venue apporter les chemises qu'elle avait lavées, par charité, et pendant que le Toussaint débarbouillait le vieux, comme tous les dimanches, elle avait un peu mis de l'ordre partout dans la maison et avait brossé les habits.

Le père était donc beau, « comme un gens de la noce » ; il gratouillait, du bout de sa canne, dans la terre et la pierraille de démolition que le Toussaint avait épandue dans les allées et devant le seuil, et le Toussaint s'était accoudé au mur. Sous lui, les sureaux sentaient fort, presque fleuris ; les lilas passés dégringolaient le ravin. C'est à ce moment-là que le maire entra, tout beau, lui aussi, avec son gilet brun à boutons de chasse, sa cordelière au cou, nouée par la femme, ça se voyait ; dans sa main il tenait une belle canne de houx, sur laquelle il avait gravé un grand serpent enroulé, couvert de belles écailles.

« Toussaint, a-t-il dit après avoir échangé deux mots avec le père, Toussaint, voilà longtemps que tu inquiètes la région avec ta pie ! Réfléchis qu'il est encore temps de prendre une bonne résolution ! Tue cette bête, mon petiot, ou bien fais-la tuer par un chasseur, il attacherait la bête sur ton mur et un coup de fusil l'enverrait dans le bas ! »

Toussaint resta muet, mais le refus était gravé sur son front.

« Toussaint, c'est facile, faut pas te buter ! »

Toussaint ne répondit pas, il avait sa mauvaise tête, dure comme la montagne du Chaumont et immobile comme elle. Le vieux maire soupira :

« Enfin, si tu tiens à cette bête, voilà ce que tu pourrais faire ! »

Il hésita, il regarda par-dessus le petit mur, il vit le clocher de Sainte-Sabine qui brillait, loin, sous sa montagne, il vit des champs, des prés, des bois ; il énuméra des noms, dans sa tête, au passage... Il aurait voulu être loin, puis il se décida :

« Partir, Toussaint, partir, voilà ce qu'il faut faire... »

Il était soulagé, tout ce qu'il dit après vint facilement :

« J'y ai pensé pour toi, je me suis abouché avec de nombreux voyageurs, des maquignons des villes, ils disent qu'on a besoin de bras dans les usines et les administrations. C'est meilleur, bien meilleur que la culture, tout ça... Nous sommes prêts à te donner une somme pour les frais du voyage.

– Je partirai avec ma pie ! dit Toussaint.
– Tu pourras aller du côté de...
– Je n'ai pas besoin de vos conseils.
– Mais Toussaint, l'avis des vieux est toujours bon !
– Je peux m'en passer, je suis pas fait pour rester ici, non, je le sens bien, je suis plus intelligent qu'eux tous, tout me réussit.
– Mais où vas-tu partir, Toussaint ?
– Où ? Mais n'importe où, ma pie, perchée sur mon épaule comme elle est toujours, me guidera », puis il cria, bien fort : « Il y a plus de jugement dans la petite tête de cet oiseau-là que dans les esprits de tous les gens de la commune.
– Bien, dit le maire.
– Je partirai », affirma le Toussaint, et le maire se mit à rire bien franchement.

« Tu verras qu'un jour tu me remercieras de t'avoir fait partir ! Tu reviendras riche ! »

Le maire partit, il monta la ruelle qui conduisait à la fontaine pour aller s'asseoir sur la margelle comme il faisait tous les dimanches. L'air était bleu, les corneilles voletaient en criant et des grands vols de pigeons blancs vous étourdissaient en passant dans le ciel. Le vieux pensait ; il sentait peser sur lui quelque chose de bien lourd, au coin de la petite place ; il fut tenté de retourner chez le Toussaint et de lui dire : « Reste, j'ai réfléchi ! C'est si grave de quitter son pays à ton âge ! » Mais, un peu plus haut, il vit la maison commune devant laquelle se serraient tous les vieux, sur les bancs alignés le long du mur, et qui regardaient dans la vallée, par habitude. Ils allaient lui demander : « Alors, le Toussaint, vous l'avez décidé ? »

Et, cette fois-ci, il allait pouvoir répondre : « Oui, il part. »

Il pensa aussi au vieux Vendrot, le père : « Alors lui ? Qui le gardera ? » Il se promit d'en parler au conseil, le soir. « À la rigueur, on l'enverra aux hospices, aux frais de la commune. »

***

Il fait encore un temps de paradis, c'est le soir d'un jour chaud de juin. La Sidonie a fané depuis l'aube, travaillé et mangé comme un homme, elle a ses gros souliers aux pieds, elle sent le corps, elle sent la femme, et ses cheveux, sur sa nuque, se retournent comme des touffes de roseaux.

Elle attend au coin du petit chemin, derrière une haie qui est pleine de fleurs et de bêtes, et entend le pas qui s'approche, elle entend voleter la pie : voilà Toussaint. Elle ne sait pas ce qui lui remue dans le ventre, comme une colique ; elle voudrait joindre ses mains, se mettre à genoux, dire : Oh non ! oh non ! mais elle reste droite, les bras le long du corps. Elle dit : « Te v'là qui pars ? »

Lui, il voudrait la ceinturer d'un de ses bras et pleurer sur son épaule, mais il sourit et répond :

« Ben oui, tu vois !

– Tu pars comme ça, pour des bêtises ?

– Je serai mieux à la ville, ici on meurt à la tâche, ici la vie est noire. »

Ils se regardent ; elle s'approche de lui :

« Vaudrait pas mieux que tu restes ? lui dit-elle.

– Oh, je ne peux pas rester avec le quarteron d'imbéciles d'en bas. (Il désigne le village d'un revers de pouce.) Oui, Sidonie, je t'ai dit de venir ici, c'était pour te dire au revoir (il lui prend la main), parce que vraiment t'es pas comme les autres filles ; toi, t'as du cœur, tu venais remplacer la mère qu'est morte, tu venais nous laver, nous repasser, nous balayer. »

Il l'attire d'un bras et de l'autre retient son baluchon ; elle lui souffle dans le visage : « Toussaint ! » Lui, ça lui fait comme un vent de printemps qui vous éveille, il n'y tient plus, il l'embrasse bien fort, comme il avait fait dans la grange. Puis il part en courant.

Deux bons bras qui s'en vont, avec Toussaint Vendrot ! Sa silhouette de grand garçon coupe la pâture du Jules Bassot, il enjambe la murette ; la Sidonie, les souliers terreux, reste à le regarder : sa silhouette diminue, diminue dans le grand pré qui descend sur la petite rivière. Sa pie vole tout autour de lui, elle a quitté son épaule et le suit de ce vol inégal qu'ont les agasses, embarrassées par leur queue trop longue.

La Sidonie les regarde dégringoler le larrey, elle n'a pas les larmes aux yeux parce qu'elle ne sait pas pleurer. Dure elle est, la Sidonie ! Mais un petit pincement dans la poitrine, au-dessus de l'estomac, la force à respirer plus vite.

« Toussaint ! Toussaint ! »

Il se retourne en courant, chargé de son sac.

« Quand donc que je le reverrai, mon grand Toussaint ! »

Mais il le fallait. Elle comprend tout cela mieux qu'un grand philosophe, la Sidonie. Elle pense aussi : « Il a de la tête, le Toussaint ! Pas peureux qu'il est de partir sans savoir où, rien qu'avec ses bras et sa pie ! » Elle perd, avec lui, des entrevues, des émois, des « remuements dans tout le corps », des caresses rudes comme des bourrades, mais elle gagne aussi de l'estime pour cet homme, capable de vouloir, d'oser, d'agir, et son esprit est encore plus bouleversé que ses sens. Elle n'aurait qu'un regret, si elle savait l'exprimer :

Partir pour cette pie, en somme ? Y a-t-il donc des bêtises comme ça pour lesquelles certains hommes quittent leur fiancée, leur père, leur pays et tout ?

Le Toussaint qu'elle a aimé chastement jusqu'au bout la possède toute maintenant qu'il s'éloigne ; elle le regarde courir jusqu'à ce qu'il ne soit plus qu'un point noir au bas de la montagne ; il disparaît dans une haie en fleur et réapparaît pour s'effacer derrière le talus qui masque la route ; tout au fond, le canal brille au soleil couchant.

Elle rentre maintenant au village et rencontre le maire qu'elle considère comme un savant ; il lui parle des gelées, de la lune rousse, il n'ose pas lui parler de Toussaint ; enfin il dit : « Il est parti, le Toussaint ? »

Elle ne répond pas, si elle ouvrait la bouche, ce serait pour sangloter. En silence, au contraire, les lèvres serrées, elle peut mieux résister à l'émotion.

Le vieux maire pense tout haut : « Il avait de la personnalité... oui, et de l'orgueil, un orgueil indomptable. »

La Sidonie ne sait pas si le Toussaint a de la personnalité, ce sont des choses que savent seuls les gens instruits, mais elle pense : C'est sa pie, rien que sa pie qu'est la cause de tout.

En rentrant à la ferme où une grosse marmite l'attend, elle entend tout à coup dans l'air humide du soir déjà sombre un froissement d'ailes, doux, doux comme un souvenir ; elle se retourne brusquement, collée contre le mur, les mains appuyées à la pierre : Sa pie ! pense-t-elle.

Oui, dans le soir, une pie, au vol cassé, passe mais c'est une autre pie, n'importe quelle pie qui regagne son nid, cependant le cœur de Sidonie bat bien fort, elle s'assied sur le talus, plus loin, et serre sa poitrine dans ses deux mains ; tout son corps est en travail. En disparaissant derrière les aubépins fleuris, l'oiseau se met à caqueter et la Sidonie croit entendre :

« Ah ! bon Dieu ! quelle rigolade ! »

***

C'est à partir de ce moment qu'au village il se passa des choses. Le maire se relevait, la nuit, oppressé, mal à l'aise, il ouvrait la petite fenêtre qui donne sur l'arrière-pays, sur le plateau bombé comme une tortue, couvert de buis à l'odeur de safran ; il déboutonnait le col de sa chemise et happait l'air comme un asthmatique qui étouffe. Sa femme l'appelait, du fond du chaud lit de plume :

« Alexandre, qu'est-ce qui te réveille comme ça ?

– J'entends la pie du Toussaint !

– T'es fou.

– Je l'ai entendue, je te dis, comme je t'entends. »

Il disait qu'il percevait dans la chênaie une voix effarée de pie qui s'étrangle et qui gargouille à faire mal.

« Tiens, écoute », disait-il à sa femme.

Elle se levait sur son séant, dans le noir, et écoutait. Elle entendait d'abord le bruit des feuillages qui remuent un peu au vent, elle entendait le bruit de toutes les girouettes du pays, puis, par-dessus toutes ces rumeurs, elle remarquait un cri prolongé, comme un aboiement de chien malade, et bientôt elle comprenait comme des paroles : « Ah ! Quelle rigolade !... » Alors elle avait peur, rentrait dans le lit, sans rien dire, et tentait de se rendormir alors que le vieux passait sa nuit là ; même, il ouvrait doucement les portes, montait sur le plateau et courait entre les buis et les genévriers, tout noirs, dans la caillasse et sur les friches.

Plus loin, dans le village, dans une autre maison, lorsque la pie se faisait entendre, une petite fenêtre s'ouvrait aussi et, dans une longue chemise, la Sidonie écoutait, toute revorchée [1]. L'air tiède de la nuit entrait par l'échancrure de sa chemise jusqu'à son corps nu, glissait entre ses seins, l'enveloppait, et la fille, rompue par sa journée de travail, se sentait toute revigorée par ces appels et ces caresses.

1. Retournée (au sens propre), bouleversée (au figuré).

Entre ses deux petits pots de géraniums, elle écoutait l'âme évadée du disparu qui revenait, sous les traits de la pie, dans la vallée baignée de lune. Comme elle n'avait parlé à personne de ses fiançailles, elle gardait ça pour elle toute seule ; elle ne se couchait même plus, laissait son lit tout fait et attendait l'heure ; elle avait chaud aux mains en attendant, elle disait son chapelet, pas pour prier, mais pour tuer le temps, elle tripotait les grains et passait de l'un à l'autre et même revenait en arrière, sans y faire attention ; au bout d'une heure, elle se levait et écoutait. Elle aurait voulu descendre dans le jardin, ouvrir la claie et traverser le pré en courant pour aller chercher dans le taillis cet oiseau qui l'aurait reconnue, elle l'aurait pris dans ses bras et l'aurait caressé et se le serait posé, chaud, sur la poitrine et sur le cou.

Le maire n'avait pas su garder pour lui cette nouvelle, il avait dit : « Chaque nuit, j'entends la pie de Toussaint Vendrot qui vient chanter sous mes fenêtres ! » Et ainsi tout le village, le soir venu, cherchait à entendre la pie, cette pie qu'ils avaient chassée.

Certains dirent qu'ils l'avaient même vue dans la journée, sur la cheminée éteinte de la maison Vendrot. La pie était ici, la pie était là, la pie était partout ; c'était le cauchemar du pays ; elle avait attaqué des enfants et même des femmes.

En passant par le chemin des bois, les bûcherons la virent aussi qui guettait un mauvais coup, pour sûr ; elle faisait peur parce qu'elle avait maigri et perdu ses plumes. On ne pouvait pas trop la voir, car elle se sauvait, de loin, pour se cacher.

***

Il fait chaud, la terre brûle comme la dalle d'un four, le soleil a chauffé toute la journée, et la Sidonie, pour attendre, a passé sa camisole sur sa chemise et c'est tout; son corps est tout mouillé et, sous ses cheveux dénoués, elle pense : Comme le Toussaint doit avoir chaud dans le poussier de son usine !

Elle voit en rêve des grosses chaudières, des rues chauffées par le soleil gris des villes, des débits où les mouches bourdonnent sur les verres poisseux, des lumières jaunes et sales et elle entend du bruit, elle respire des fumées qui traînent. Comme il doit être mal !

Ici, devant elle, ce sont deux rangs de groseilliers et des bordures d'oseille, un prunier mirabelle et la haie, puis un bleu de velours sur tout le reste de la campagne, un bleu presque vert comme de l'eau profonde ; de la lumière sort de terre, elle éclaire le bas des troncs, les murs des étables ; elle chauffe la figure lorsqu'on se baisse, brille sur les abreuvoirs et on avale un bon goût de fumier qui vient avec le vent frais.

Sidonie se redresse tout à coup. Ça y est, la voilà ! Elle entend un vol, un oiseau qui se pose sur les branches du prunier; elle voit une ombre et la suit des yeux. L'oiseau glisse de branche en branche, comme un cadavre, il tombe en cascade en poussant des petits cris plaintifs, cela fait plouf en tombant par terre, puis ce sont des plaintes, des appels déchirants. La Sidonie ouvre ses yeux pour mieux voir; elle aperçoit une forme par terre, près de la planche d'épinards ; elle tremble : elle s'enveloppe de sa pèlerine et se précipite au-dehors. Elle voit, à ses pieds, une forme noire et blanche, une forme de pie qui remue encore doucement sur le sol; elle reconnaît l'oiseau et n'ose le ramasser. Elle le regarde passionnément de ses yeux pleins de larmes : elle est émue comme elle ne l'a jamais été de sa vie. Des fleurs plantées en bordure monte un parfum qui l'affole.

Comme la lune paraît au-dessus des bois, l'oiseau mystérieux meurt, tout raide, en faisant « couac » avec son bec, et la Sidonie, qui est dure au labeur et dure à la peine, se met à pleurer comme si elle apprenait la mort de Toussaint Vendrot lui-même.

La Sidonie, vierge fidèle, se baisse vers l'oiseau et ne ramasse qu'un cadavre.

Le Toussaint, lui, n'est jamais revenu.

La joie de vivre

Les abords du poulailler étaient calmes. Faraud, étendu sur l'aire de la petite grange, disait :

Ce soir-là, je rêvais, le museau entre les pattes, étendu sous la table. Certaines personnes ne peuvent s'imaginer comme un bon chien rêve souvent ; pour ma part, je suis très fier de cette ressemblance que j'ai avec l'homme qui me donne ma soupe tous les jours, je veux dire : mon maître.

Je rêvais donc en aboyant à haute voix et mes deux bien-aimés riaient de me voir battre ainsi la campagne comme un vulgaire poète ; ils riaient si fort que leurs éclats me réveillèrent, mais mon esprit ne fit qu'un tour : je jugeai qu'il devait être très tard, car le rossignol s'était mis à chanter dans la nuit et, à cette heure, on me prie très poliment de me retirer dans mon domaine, c'est-à-dire la basse-cour, où j'ai ma niche et où je veille sur le sommeil des animaux subalternes : les volailles et les lapins que je défends contre les renards de la forêt toute proche.

Or, je déteste ce moment terrible où il me faut quitter cette atmosphère si douce, si pleine de passion et de tranquillité, qui règne dans la maison après le repas du soir.

Je ne puis m'y accoutumer, cette heure me subjugue ; la noblesse des sentiments qui flottent dans l'air tiède me rend tout tremblant ; la promiscuité grandiose de cette petite pièce que mes bien-aimés animent de leur merveilleuse voix humaine dont un seul éclat me dompte et me caresse, les senteurs agréables qui se dégagent de tous les meubles et de toutes les choses, les pétillements du feu et enfin la présence sacrée et indispensable de ceux que je nomme mes bien-aimés : mon maître et son épouse, tout cela me pénètre et me paralyse ; je reste et j'écoute.

Ce soir-là donc, je me réveillai mais, de peur qu'on ne m'envoie à la niche, je tins mes yeux clos, je simulai le sommeil, pour demeurer, ne fût-ce que quelques minutes encore, dans cette ambiance magique que savent créer les hommes de cœur. Nos oreilles velues sont accoutumées à percevoir les bruits infimes qui peuplent les buissons, et les cris des sangliers blessés nous transportent d'allégresse, mais le murmure de la voix humaine nous asservit, nous oblige à rabattre nos oreilles, notre cœur bat plus précipitamment.

Or mon maître s'approcha de moi, je sentis sa chaleur rejoindre la mienne, je feignais toujours de dormir ; le parfum de son haleine caressa mes paupières, je ne tressaillis pas. Mais il me parla, doucement, sans presque remuer les lèvres, et il me dit : « Faraud, il faut t'aller coucher... mon bon Faraud. »

Oh ! comme je comprends que l'amour doit être beau, chez les hommes, lorsqu'on entend ce murmure merveilleux de la voix ! Pour moi, je ne pus y tenir et je me mis debout, d'un seul coup, puis, posant mes bajoues sur les genoux de mon enchanteur, je l'écoutai, les yeux clos à nouveau, l'âme tendue, les lèvres avides de moduler des sons aussi doux. Il ne disait pas des mots stupides comme en prononcent certains lorsqu'ils s'adressent à un chien, il me parlait comme à un de ses frères, et c'était si beau, si bon, dans cette belle soirée de famille, que je me gardais de bouger ; je m'appliquais à rester bien immobile ; seules mes lèvres pendantes essayèrent un instant d'imiter quelques sons, mais cela ressemblait à un sanglot. Elle, blottie près de lui, s'écria : « On croirait qu'il veut te répondre ! »

La chère âme, elle me comprenait !

Leurs joues frôlaient mes oreilles flottantes ; il disait : « Demain, nous irons visiter les garennes dans la friche ! »

Il savait que c'était ma joie de partir dans les éboulis, sous les roches, là où il y a juste assez de terre pour que quelques noisetiers prennent racine ; il partageait avec moi la volupté de courir dans les bois, et, lorsqu'au bout de longues courses sous le couvert des futaies nous arrivions sur un versant découvert, plein de genévriers, il s'arrêtait brusquement pour admirer les vallées toutes blanches de brume, à nos pieds, et comme moi se vautrait dans l'herbe sèche ; en le regardant fidèlement, j'attendais, haletant, la langue dégouttante de sueur, l'œil rieur, l'instant sublime où il daignerait chanter. Alors, à ce moment, toute la nature se taisait pour écouter la voix du maître : aucun bruit n'a plus de puissance que celui de ses chants.

Je regardais, narquois, les grands arbres qui voulaient l'accompagner en vibrant au vent. Rien que pour l'entendre chanter, j'aurais combattu pour lui contre une armée de chats sauvages. Sans qu'il s'en doutât, il prenait mon âme de bête, par sa bonté, par sa simplicité, ainsi qu'il avait pris mon corps qui lui appartenait comme une loque : je le suivais inlassablement dans ses voyages et dans ses escalades ; cet après-midi même, nous avions cueilli des cornouilles et je m'étais moi-même repu des fruits qu'il me jetait, car il me faisait participer à tous ses repas, et ma part n'était quelquefois pas la plus mauvaise. Au retour, nous avions retrouvé la petite femme occupée à la cuisine, et nous étions là, tous trois, tenant notre partie dans cette symphonie intime et splendide que je voulais écouter pieusement, en fermant les yeux et en restant muet.

Leurs deux têtes s'étaient immobilisées, juste nos souffles étaient perceptibles, deux bonnes mains glissaient amicalement sur ma robe, alors j'entendis ceci : « Lorsque celui que nous attendons sera né, quelle bonne paire d'amis feront-ils ! » Vrai ? Ils allaient me donner un compagnon vagissant ? Combien fréquemment j'avais souhaité avoir, près de moi, pour me martyriser sans fin, un petit d'homme ! Et ce souhait allait être comblé !

Elle répondit en effet : « Dans un mois, peut-être ? »

Cette nouvelle m'entraîna dans une sorte de vertige : bientôt des mains terribles et cruelles allaient me torturer, des mains infiniment plus faibles que celles qui me caressaient à cette heure, mais plus puissantes aussi ; de ces mains qui vous tiennent enlacés, si faiblement qu'on pourrait s'en libérer sans effort, et qu'on subit cependant, vaincu et heureux. Une voix allait m'appeler, impérieuse, intransigeante, mais plus prenante encore que celle que j'aime à entendre chanter, une voix que, de loin, on n'entend point, tant elle est faible, mais que l'on perçoit à de plus grandes distances que celle de l'homme.

Une vie d'esclave allait commencer pour moi, mais j'allais être esclave de mon cœur, comme un homme, et c'était pour moi une nouvelle fierté : j'allais avoir le droit de souffrir, si depuis longtemps j'avais la joie d'être aimé. Mon maître allait grandir, en devenant père, et moi j'allais monter en grade aussi. Quelles joies, quels jeux, quelles querelles inoffensives où l'on n'a pas le droit de serrer la main embaumée qui se fourre, confiante, entre les crocs, quelles courses dans le verger !

J'avais vu, un jour que nous étions allés à une foire dans un grand bourg de la vallée, un chien aussi gros que moi, que des tout petits enfants avaient attelé, avec des ficelles, à un chariot fabriqué au moyen d'une caisse. Et, depuis ce jour, j'enviais le sort de ce malheureux confrère, je grognais de jalousie... et j'attendais. Mais, Dieu merci ! mon attente patiente allait être récompensée, bientôt j'allais être attelé à un chariot grotesque, comme celui que j'avais vu en allant à la foire ! Et plus tard, alors que l'âge aura fait de moi un vieux limier et que l'enfant sera encore un tout jeune homme, quelles parties de chasse dans les halliers !

Ah ! que n'ai-je la longévité triplée, moi, l'ami inférieur qui n'ai pas le droit d'accompagner jusqu'au bout de la vie les bien-aimés.

Je pensais ainsi, comme endormi ; un genou chaud soutenait toujours ma tête, deux mains allaient et venaient toujours sur mon échine et la beauté fluide des heures coulait comme ces feuilles mortes sur la rivière que mes cris désordonnés ne peuvent arrêter.

Et les deux jeunes époux jasaient ; ils imaginaient aussi, pour celui qu'ils attendaient, toute sorte de choses qui m'étaient incompréhensibles. Ah ! en aucun cas je ne supporterais que cet enfant quittât les friches et la combe pour s'aller perdre dans une de ces villes où une seule fois je suis allé, mais où j'ai juré de ne retourner jamais. Il lui fallait rester dans nos bois, faire des vers et des images de pierre, comme son fou de père, ou tenir des discours enivrants pendant les longues promenades et se contenter, pour boire, de l'eau des sources. Ainsi seulement, il resterait un homme digne de l'admiration de tous les animaux dont, après son père, il deviendrait le chef.

Je savais que, si je l'eusse exprimé, cet avis eût été prépondérant, mais si nous avons la joie de sentir, de deviner les pensées de l'homme, si nous possédons le privilège de ne connaître que ses bontés en ignorant ses félonies, nous avons aussi, nous, bêtes, l'immense honneur de pratiquer le silence éternel. Ce qui fait notre faiblesse apparente mais notre force réelle, c'est que nous nous taisons. Nous ne savons que subir avec délices notre perpétuelle liberté que les hommes ont nommé : déterminisme.

Il était maintenant très tard. L'heure inoubliable de chaque jour était passée. Je la sentais s'effriter sous le choc des secondes ; bientôt, ç'allait être pour moi le silence dangereux de la nuit, pendant lequel, seul, livré aux instincts de ma race, je ne puis dormir, car le moindre bruit me tient éveillé, bien que je me sache protégé par des claies de bois tressé. La nuit est, pour moi, le souci atavique de veiller, et lorsqu'un bruissement d'aile me parvient du poulailler, mes oreilles se cabrent sans que j'y puisse rien faire et une force m'oblige à aller me rendre compte.

Je ne puis plus penser : j'ai laissé mon âme dans l'âtre où j'aime dormir ; je ne suis, à ce moment, qu'une gueule hérissée de crocs et deux yeux de phosphore, comme mes ancêtres dans la nuit des temps.

Mais, dès le petit jour, un parfum de feu me parvient, rejeté dans la basse-cour par un tourbillon qui sort de la cheminée, et j'ai enfin le droit d'aller reprendre mon âme, près des chenets. Alors les heures enchantées recommencent et nous reprenons nos courses dans les bois, ne nous arrêtant dans les hautes herbes que pour lire, à la surface du sol ou dans les branches des arbres, le livre ouvert de la nature pendant que le temps chante ses couplets alternativement tristes et gais de soleil ou de pluie.

J'en étais là dans mes pensées, ajoutant à la joie de l'attente du lendemain celle d'un avenir très proche où un nouveau compagnon allait m'être envoyé. Mon maître se leva : « Cette fois, il faut aller à la niche ! » dit-il. Puis il ouvrit la porte. Je me fis humble ; je jetai, en sortant, un dernier regard à l'intérieur, puis la porte se referma sur moi. Au-delà du perron, la nuit m'appelait. Je restai un instant sur le seuil, pour écouter, puis j'allai à la fenêtre et, me dressant de toute ma hauteur, je regardai encore une fois l'intérieur. Mon maître me vit et il me montra à son épouse. Elle, plus sensible, vint m'ouvrir, me donnant ainsi, me sachant raisonnable, la permission de rentrer si je le voulais. Mais je n'y tenais pas, non vraiment, puisqu'il fallait bien que l'heure inoubliable eût une fin ; je voulais ainsi uniquement leur dire un dernier bonsoir, et me remplir les yeux de cette belle image.

Du fond de l'abîme qu'est la nuit pour moi, je regardais encore vers la lumière de la petite pièce, et cette lumière, dans l'ombre, c'était l'espoir en la beauté fidèle et indiscutable du lendemain et le symbole de l'inlassable joie de vivre.

La paulée

C'était au cours d'une de ces expéditions qu'il me faut faire, de temps à autre, pour regarnir mon garde-manger, à l'époque des pieds-bleus, des cornouilles, des mûres et des dernières noisettes. J'avais marché depuis le petit jour, dans les sentiers des Vaux, puis dans les espaces vagues, entre friche et bois, et le toit d'une maison m'était apparu, près d'un pigeonnier, au pied d'un petit bois d'acacias, dans une combe vineuse de l'arrière-côte, en direction de Saint-Romain, à une journée de marche de chez moi.

J'avais entendu parler de ces endroits, mais jamais je n'y étais passé, car cela se trouve dans un massif assez éloigné de ce que j'appelle « mes terrains de parcours ».

Les larges toits rouges et gris de la maison s'étalaient à mes pieds, là où le mince ruisseau, barré par une levée de terre, parvenait quand même à former un abreuvoir. Des peupliers, jaunes et droits, ressemblaient à d'immenses flammes de cierges, tendues vers le ciel mauve, légèrement tremblotantes, frissonnantes, au gré du vent ; bien alignés au long du chemin vicinal, ces arbres, enluminés par l'automne, formaient comme une garde d'honneur, une haie de lumière plus vive encore, sur la pente ensoleillée.

Sur le coteau allaient et venaient des hommes et des femmes, vêtus de mille couleurs : de violets pâles, de roses tendres, de vieilles étoffes brunes à pois blancs, de toiles bises, de treillis bleus, de cottes rousses, de tabliers indigos, de gilets de velours aux tons chauds, de caracos aux manches relevées sur des bras dodus, de capelines fleuries et profondes où les figures, engoncées, ressemblaient à des pêches bien mûres enfouies dans des papillotes de papier blanc. Les enfants, gavés de fruits, audacieusement insolents, gourmands et fous, n'interrompaient leurs jeux que pour aller boire, la langue tendue, le jus trouble qui coulait du pressoir, dans le hangar, pendant que les parents faisaient « la vendange ».

À ce seul mot de vendange, il me vient à la bouche un flux de salive sucrée, au souvenir du jus âpre qui coule des grains pressés ; il me semble que des petits pépins, noirs comme des réglisses, craquent sous mes dents et répandent en moi leur savoureuse amertume. Je sens les grumes molles et ridées, déjà figuées par les alternatives d'aubes glacées et de midis brûlants, je les sens s'affaisser sous la langue, livrant à mon sens ardent de Bourguignon la tiédeur de leur chair de fruit sec ; j'en sens d'autres, au contraire, gonflées à péter de sève vigoureuse, éclater, généreuses, sous la pression de mon gosier... Au bout de mes doigts, il vient une sensation de fraîcheur poisseuse, d'humidité parfumée, comme si réellement je manipulais les panières souillées de moût.

Je me souviens aussi des haltes reposantes, dans les friches où, à l'ombre des coudriers, la troupe collationne en chantant.

Vendanges joyeuses qui animent les coteaux, paniers rougis jetés au bord des sentiers, ballonges [1] ovales, cerclées de fer, abandonnées sur des chariots, au coin des murées dans les broussailles, benatons [2] en vannerie

1. Petits cuveaux placés sur un chariot.
2. Paniers de vendangeur.

robuste, remplis jusqu'au bord de petites grumes violettes, grappes saisies au passage, à pleine bouchée, et égrappées sans ménagement par les dents gourmandes, chemins rocailleux et dégringolants qui naissent dans les vignes et, comme des lits de torrents desséchés qui se gonflent après les pluies, drainent, à la mi-octobre, le flot de la récolte précieuse.

Roulant les cailloux sous mes sabots, je descendis, ce jour-là, un de ces chemins ; une force m'attirait vers ces vignerons en goguette, dont le travail, pourtant pénible, semblait être une partie de plaisir. Les pêchers flottaient au-dessus des ceps comme des étendards, une vie intense animait les vignobles étalés où progressaient les vendangeurs, un parfum miellé s'échappait de la terre et, après l'austérité des friches et des forêts, je remarquais davantage l'opulent brouhaha, la fiévreuse richesse, la somptueuse couleur, l'enivrante activité de ce coin de terre si bien exposé, si bien réchauffé sous les roches qui le dominent, et ma tête était toute bourdonnante du chant des hommes.

Plus bas, je rencontrai l'agressive jovialité de ces êtres de vie, aux faces joyeuses et rougeaudes, aux voix vibrantes et, déjà, l'ivresse commença pour moi.

Enfin, dans la cour où j'entrai, je fus accueilli tout d'abord par l'ardeur bruyante des chiens qui, étendus sur l'aire de la grange, n'avaient pas perdu leur sens de sentinelles vigilantes.

Les ouvriers allaient et venaient.

Retenue par une rangée de dalles, une double haie de dahlias et de géraniums tardifs courait le long de la maison et sa couleur, acide, ressemblait à une bande de minium, étalée au bas du mur de pierre.

Puis le maître de la maison arriva ; je n'ai jamais vu semblable figure, sèche, rouge aux pommettes, argentée aux tempes, coiffée d'un immense chapeau noir orné d'une longue plume de geai. Ses jambes, arquées, moulées dans des petites guêtres de toile bise se galbaient sous un grand corps maigre ; il était vêtu d'une veste de chasse à gros boutons de cuir moulé. Du plus loin qu'il m'aperçut, il se mit à sourire :

« Chalumot, dit-il, je te souhaite la bienvenue ! Tu feras la paulée [1] avec nous ! »

Je le saluai.

Il dit à une vieille femme que chacun appelait Mémère :

« Mémère, j'avais bien dit que nous aurions une visite ; hier, une bulle s'était formée dans le goulot de la bouteille. »

Puis il me fit asseoir et me servit du fromage gras et du vin gris « pour attendre le repas du soir », disait-il. Pendant que je mangeais, il s'assit en face de moi et me regarda, il mit ses longues mains sur mes genoux :

« Chalumot, dit-il, te voilà mon hôte et tu ne peux t'imaginer à quel point j'en suis fier. »

Puis il me dit comment, depuis son enfance, il avait été enthousiasmé par le récit des braconnages de mon père, dont les ruses étaient légendaires ; il m'affirma qu'il ne m'admirait pas moins et je dus lui raconter mes plus belles chasses et la façon dont j'avais dressé Faraud, qui avait une belle réputation dans le pays. Je parlai d'abondance, en buvant, et le propriétaire, en riant, ne cessait de remplir mon verre et de trinquer avec moi pour me faire boire.

1. Banquet de fin de vendanges.

La fin de l'après-midi était brûlante, comme il arrive souvent en Bourgogne vers le temps des vendanges. Trois ouvriers passèrent qui montaient au bois, trois vieux à gilet de velours, portant sur leur épaule des cognées au fer bleu :

« Bonjour !

– Salut.

– Entrez donc boire un canon, vous goûterez le vin nouveau et du vieux aussi ! »

Ils firent un brusque détour :

« Pas de refus, par le chaud qu'il fait ! »

Ils furent bientôt près de la table où mon verre, déjà, rougeoyait.

« Entrez, disait le propriétaire, asseyez-vous. »

Il était plus rouge, plus vif, plus étonnant que jamais en disant : « J'ai du bon vin d'Arcenant, je voudrais que vous me disiez ce que vous en pensez. »

Les trois bûcherons sourirent en suçant leurs longues moustaches brûlées et, lentement, prirent place sur les bancs, près des vendangeurs qui y étaient déjà.

Comme la vieille apportait du pain, on entendit, dehors :

« Tiens, voilà le Thenadet. »

Ils se ruèrent tous pesamment vers la porte en riant ; j'allais les suivre : une douce stupeur paralysait mon corps tout entier ; les jambes surtout étaient molles et la chaise me parut si confortable que je préférai rester assis.

Ce scélérat de propriétaire interpellait le nouvel arrivant : « Quel soleil ! Entre donc boire un coup ! »

Le Thenadet entra. Il prétendit me reconnaître, mais sa figure, comme on dit, ne me revenait pas. Il faut dire que, comme dans un accès de fièvre, j'avais des larmes dans les yeux, ou plutôt une buée qu'un clignement de paupières n'arrivait pas à effacer.

Il se mit à me parler de vieux amis. Certainement, il

m'avait connu pour être si bien renseigné. Et les trois vieux riaient, riaient ! Leurs éclats de rire faisaient comme des sonnettes : drelin, drelin !

« Mais si, Chalumot, disaient-ils, souviens-toi... »

Au diable leurs souvenirs ! On était bien ici, mon verre se trouvait, à ce moment, vide et des mouches le hantaient, énormes et tenaces.

Le propriétaire, assis sur sa haute chaise, conduisait les conversations : il parlait du prix du bois et de la fièvre aphteuse qui ravageait son bétail, il versait à boire, donnait des ordres au-dehors, aux gens du pressoir, et moi, je buvais le vin d'Arcenant. Quelle différence avec l'eau de ma source ! Quelle sensation bizarre de gosier sec après chaque lampée, quel extraordinaire besoin de reprendre le gobelet et d'y retremper ses lèvres !

Était-ce vraiment bon ? Je ne sais pas. Cela glissait à travers les poils des moustaches avec un petit bruit agaçant ; une âpreté caustique de tanin rongeait ma langue et, lorsque tout était avalé, il restait un parfum de raisin vert qui embaumait tout le palais, m'obligeant à claquer la langue d'un coup sec, comme les autres.

Le troisième verre de vin me parut être le comble de la dépravation : je n'avais plus soif et j'eus l'audace de boire ! Je pensais à mes petits chevreuils qui trempent leur museau fin dans les flaques d'eau et hument, avec une lenteur délicate, leur surface miroitante, à peine troublée par leur souffle, ces chevreuils qui, leur soif apaisée, relèvent la tête et repartent. Je pensais aux lièvres, aux lapins, aux rongeurs qu'on ne voit jamais, jamais boire : ils se contentent de la fraîcheur bienfaisante d'une rosée que le matin disperse un peu partout. Je pensais à Faraud, Faraud le sage, Faraud le sobre, soumis à son instinct intact. Je ressassais ces lieux communs, dans mon esprit mécontent, déjà empâté par un malaise aussi lourd, aussi fade, aussi épais que le vin était léger, bouqueté, limpide. C'était la première et probablement la dernière ivresse de ma vie, et mon corps inaccoutumé se crispait, digne, offusqué, et maudissait ceux qui m'avaient entraîné là.

***

J'entendais la voix de l'un d'eux qui célébrait le vignoble : une voix chaude qui, dans la fumée de tabac, lançait un discours soutenu par une conviction que j'aurais voulu partager, tant elle était éloquente, inspirée et lumineuse comme les sites qu'elle décrivait. La voix chantait la Côte, cette Côte d'Or, jamais si dorée qu'en cette saison aux couleurs violentes et subtiles à la fois ; elle chantait les clochers, aux tuiles vernissées, qui montent la garde au bas des combes ; elle chantait les vendanges, les matins glacés et purs d'octobre, les pressoirs, les ripailles, ces choses laborieuses ou joyeuses que je connaissais à peine, en somme, et qui sont l'apanage des gens des vallées.

Après cela, j'ai voulu chanter moi-même *la Cave*, de Dupont, et *Mon vin*, des chansons que je tenais de mon père. Mais il me fut impossible de commander à ma voix qui divaguait, en dehors du contrôle de mon cerveau. J'aurais voulu tenir ma partie dans ce concert et obtenir le succès que je savais.

Pouah ! Ma langue pâteuse évoluait dans ma bouche insensible et je me fâchai. La colère impuissante de l'homme ivre est grotesque ; j'ai la honte d'avoir provoqué de la sorte les rires et les quolibets. Un moment évadé de ma vie simple et sobre, je ne suis descendu dans la vallée que pour me rendre ridicule aux yeux des autres, après avoir bu trois petits verres de vin.

Je sentais cela dans mon cœur qui était demeuré intact dans cette affaire, et je voulus partir : mes jambes, elles aussi, me désobéissaient, se dérobant sous moi, provoquant des chutes. Mon corps, merveilleusement insensible, se heurtait sans souffrir aux dalles. Oh ! remonter là-haut, dans mon domaine pur ! Aspirer un air plus vif qui m'eût désintoxiqué, me semblait-il ! M'étendre, face contre terre, dans l'herbe haute et froide de la nuit, me baigner dans l'obscurité fraîche et me purifier dans le premier ruisseau, au milieu des menthes, pour reconquérir le bien-être, la clarté des idées, la légèreté du corps, la souplesse fidèle de mes muscles ! Il me semblait que je n'avais qu'un pas à faire, un pas dans la direction des espaces silencieux !

Mais, après cette révolte, sans transition, je ressentis brusquement un doux bien-être. Ce fut, pour ainsi dire, la deuxième phase, la plus agréable, une véritable allégresse après les scrupules angoissés du début qui m'obligeaient à me cramponner, au bord de l'ivresse, comme un grimpeur au bord du précipice.

Ce vin, en effet, véhiculait l'âme riche et capiteuse des terrains de luxe où s'étalent les vignobles : avec lui entrait en moi le besoin de mener une vie facile, large, telle que celle que l'on mène dans ces régions. J'aurais aimé rester étalé sur une large chaise, le ventre libre, le chapeau sur l'occiput, et m'entendre conter des histoires de fous, des histoires d'auberges, de longues histoires sans suite et qui se ramifient, au gré du conteur, à l'infini.

J'étais poussé par le désir de quitter mes sabots, de mettre mes pieds sales sur la table et de distribuer, sur des épaules voisines, des tapes énormes ; une générosité inattendue m'incitait à faire n'importe quoi pour n'importe qui, à promettre, à projeter, à vouloir tout améliorer, à redresser tous les torts, mais je sentais qu'une paresse étrange m'en eût certainement empêché.

J'ai alors parlé d'abondance sur tous les sujets : ma voix s'élevait et je m'entendais ainsi parler, ou plutôt j'entendais un autre être dire mille sottises, car mon verbe ne m'appartenait plus et les autres riaient, riaient à en être malades, courbés en deux, les poings sur les flancs. Du dehors venait l'air froid des soirs d'octobre, la fraîcheur des soirs brumeux de vendanges et, sous le hangar, on entendait le cliquetis joyeux de la mécanique du pressoir ; cette fraîcheur, cette échappée sur la forêt rousse aiguillonnaient ma verve tout en faisant naître en mon cœur un regret timide et mal venu.

Des gens passaient sur le chemin et tous entraient, l'hôte exultait, entouré d'êtres en liesse, agréablement chatouillé, dans son amour-propre de Bourguignon, de voir tant de monde chez lui. Lorsque la salle fut bourdonnante, passèrent des étrangers, je les voyais venir sur la route, dans cette brume qui tombait avec le soir, je me dis : « Ceux-là, il va les laisser passer ! » mais comme le groupe s'approchait, il sortit sur le seuil et, hôte infatigable, fier de montrer son opulence, heureux de voir plus de monde à sa table, curieux de voir ses invités tituber légèrement et dire des bêtises, il leur cria :

« Bonjour ! Vous passez sur le chemin du Bois, je ne vois pas pourquoi vous passeriez sans boire mon vin nouveau, entrez donc !... Comment ?... Vous ne me connaissez pas ? Cela m'étonne, on me connaît partout, enfin il est possible, après tout, que l'on ne vous ait jamais parlé de moi... Tant mieux... Mais cela n'a aucune importance... Entrez vous asseoir un peu !

« Vous n'êtes pas fatigués ?... Mais il n'est pas indispensable que vous soyez fatigués... Je vais vous offrir à boire et il est possible aussi que vous n'ayez pas soif, mais chez moi, on boit sans soif. »

Puis encore :

« Chalumot est là... Comment, vous ne connaissez pas Chalumot ?... Cela m'étonne bien davantage, on connaît Chalumot partout... Raison de plus pour faire sa connaissance ! »

Après un temps, il se fit, dans la salle, un bruit insupportable. La vieille femme qui nous servait passait et repassait, je lui dis :

« Mémère, que de monde !

– C'est tous les jours comme ça... Une feuillette de son vin lui fait à peine un mois. Ici, continua-t-elle, c'est la maison du Bon Dieu ! »

Oui, à cette heure, c'était ainsi que je me représentais le paradis.

Puis les vendangeurs, les doigts engourdis déjà par le froid, arrivèrent, chassés du hangar par l'obscurité où ne se mouvaient que les halos jaunâtres des lanternes d'écurie.

Ils étaient cinq, dix, vingt ? Nombreux en tout cas, et tous buvaient, buvaient encore. Partout on voyait une main, noircie du jus frais de la grappe, saisir un verre, un coude se lever, une tête rougeaude se rejeter en arrière, et l'on entendait le piccolo descendre dans les gosiers avec un bruit de déglutition.

C'est alors que, conscient de mon inconsistance, sentant la stupidité de mon attitude et la sottise des paroles que je prononçais sans le vouloir, je mis mes coudes sur la table et, le bec subitement cloué, le front lourd, j'écoutai et j'observai ce qui se passait autour de moi.

Je regardai le Thenadet. Il avait une barbe d'un mois,

faite de petites pousses raides et blanches de poils fous et, au travers de ce chaume rude, on voyait son épiderme rouge, violet par place, sur les joues et autour du nez ; sa casquette, une petite casquette noire de piqueur, était penchée sur son oreille velue et il racontait des chasses, des débuchés, des histoires impossibles, rythmées, telles des ballades anciennes, par cet envoi : « J'ai été trente-trois ans garde-chasse et cinquante-huit ans braconnier ; alors, vous comprenez, je sais ce que c'est ! »

Comme il n'avait que soixante-cinq ans, on était forcé d'admettre qu'il avait été à la fois, pendant un certain temps, garde-chasse et braconnier.

Je l'entends encore chanter, de sa voix tonnante, cette phrase que lui inspirait sa joviale ivresse : « Ah ! les enfants, dehors, à trois heures du matin, par un matin de chasse ! ça sent bon dans les buis, ça sent bon ! »

Chacun partageait ce lyrisme auquel personne n'eût atteint sans cette boisson couleur de rubis qui coulait des goulots étroits, remplissait les verres, glissait dans les gosiers et se répandait sur la table, au hasard des maladresses.

Thenadet, excité par les autres et soutenu par le maître, qui fredonnait la contrepartie, imitait le son du cor et sonnait les plus beaux airs de son répertoire ; tout le monde reprenait en chœur. Alors, à un moment, transformé par cette triple griserie de la boisson, de la chaleur des conversations et de son succès, il se mit debout sur sa chaise, il apparut alors, trapu, vêtu d'une défroque de piqueur, les mains encrassées de cette couleur indélébile qui stigmatise tous les travailleurs de la vigne, la chemise à fleurs nouée au col d'une tresse noire et la culotte, fatiguée à la braguette, flottant sur un ventre absent, il chanta jusqu'à ce que sa voix, sa pauvre vieille voix éraillée, brisée, se perdît piteusement dans des trémolos indicibles.

À ce moment, alors que l'attention générale était encore attirée par lui, je remarquai que, dans un coin de la table, des jeunes gens s'égayaient fort des propos d'une femme. Elle se nommait Marie, mais on l'appelait « la Gueurloichotte » : c'était le type de la buveuse, avec des lèvres boursouflées et violettes, des yeux liquides, vidés de leur intelligence qu'une lueur vicieuse et troublante remplaçait. Son regard exprimait perpétuellement une gourmandise inassouvie. Parfois, en descendant des vignes où elle vivait, elle tenait des propos égrillards et, poussée par son ivresse, elle attirait près d'elle des hommes qui se contentaient de la repousser d'une bourrade. On l'entendait dire : « Tu paies un canon, hein, petiot ? » Elle était connue des Baraques de Marsannay [1] à Bligny [1], et de Beaune à Flavignerot [1], car elle se louait partout pour le travail de la vigne et des cassis.

Elle était, par hasard, juste en face de moi : je la voyais, lutinée par les jeunes qui l'excitaient, répondre à leurs brutalités par des gestes malhabiles et pouffer de rire sans raison, derrière sa main sale. Elle chanta avec tous lorsque le propriétaire entonna *Joyeux Enfants de la Bourgogne* qu'on ne manque pas de chanter aux paulées.

Puis la soupe fut servie : c'était un bouillon de poule, un bouillon doré, légèrement trouble, couvert de larges taches de graisse, où se reflétait la lumière de la suspension. Tous, affamés par la rude besogne de la vendange, se mirent à manger. Les uns émiettaient du pain dans leur portion afin que tout le bouillon fût absorbé et ne se mettaient à manger que lorsque tout cela ne formait plus qu'une bouillie épaisse ; d'autres, après avoir bu, à grandes lampées, la moitié de leur potage, y versaient du vin rouge

1. Marsannay se trouve dans la Côte des vins, entre Beaune et Dijon. Bligny est un bourg de la vallée de l'Ouche, et Flavignerot un village d'Arrière-Côte. « De Marsannay à Bligny » correspond à une distance d'une trentaine de kilomètres à pied, ainsi que « de Beaune à Flavignerot ».

jusqu'à ce que l'assiette fut pleine à bord, cela formait un liquide violacé, brûlant encore, acide et délicieux dont le fumet se répandit dans toute la pièce [1].

Ces vapeurs excitèrent encore les esprits et le diapason s'éleva. Le Thenadet, réconforté par ce premier plat, reprit part à la conversation, car, en marge de ces chants, de ces histoires débitées, de ces pantalonnades, s'établissaient petit à petit des palabres plus discrètes, plus sérieuses, entre les gens rassis qui, ayant certes bu autant que les autres, n'étaient pas ivres ou même raisonnaient fort sainement. Tout à l'heure, même, les Thenadet, les Gueurloichotte allaient disparaître, leurs voix allaient s'éteindre, on les emmènerait dans les fenils où couchait la troupe des journaliers. Seuls, les lurons plus solides, les vrais buveurs allaient demeurer en présence, solidement accoudés à la table, tenant dans leurs mains énormes les petits verres remplis de goutte.

En effet, lorsque la poule et le lard furent desservis et qu'apparut le cuissot de sanglier et les perdrix au vin, les ivrognes se turent et il ne resta plus en lice que huit ou neuf hommes ; c'étaient des vignerons accoutumés, des cultivateurs, des tonneliers, véritables spécialistes de la vigne et qui, pendant que le cuissot fut sur la table, goûtèrent les meilleurs vins du propriétaire, devinant leurs crus, leurs millésimes, se livrant passionnément à cette joute de dégustateurs.

J'en remarquai surtout un, dont les cheveux blancs contrastaient avec une belle moustache noire ; c'était lui qui, pour prendre le verre, le mirer, le réchauffer, avait le plus beau geste : délicatement, il mâchait le vin, le projetait, d'un vif mouvement de ses joues, dans tous les coins et recoins de sa bouche, il l'écrasait de la langue contre le palais et, les lèvres légèrement ouvertes, comme pour un

1. Cela s'appelle, en Bourgogne, « faire chabrot ».

baiser, il laissait passer, en aspirant, un filet d'air entre ses dents, on eût dit qu'il se gargarisait.

Aucune conversation, alors, ne l'intéressait plus ; le regard perdu du côté de la fenêtre ouverte sur les ténèbres froides de la nuit, semblant fixer, dans l'obscurité, un point quelconque de la forêt, il posait lentement son verre et, insensible, immobile, tous ses sens en quelque sorte refluant vers ses papilles gustatives pour communier le plus efficacement possible avec l'âme du breuvage, buvant ensuite goutte à goutte cette gorgée qu'il avait, dans sa bouche, réchauffée, il se livrait religieusement au culte de la dégustation.

Les autres l'imitaient et tous avaient, ce faisant, une dignité incontestable ; ils me semblèrent respectables parce que, maîtres d'eux-mêmes, ils savaient transformer le vice en un art et la gourmandise en élégante et infaillible érudition. Par leur attitude, ils réprouvaient avec raison les abus de certains et je sentais que, clignant de l'œil de mon côté, ils déploraient que je ne « tinsse pas le coup ».

Après les vins, ce furent, avec les tartes, des alcools, des marcs précieux et ils m'en versèrent une rasade pour me « dégraisser les dents », disaient-ils. J'eus l'impression que cette eau-de-vie, énergique et cordiale, allait chasser le malaise qui m'alourdissait. Comme eux, je chauffai mon verre dans le creux de ma main. Comme eux, je sirotai lentement le liquide qui brûlait les entrailles. J'en bus ainsi de trois ou quatre sortes et je pris un gourmand plaisir à les différencier, à déceler un effluve spécial ; en effet, un bouquet propre s'en dégageait. Déjà au nez, ces nuances m'étaient perceptibles et j'en tirai quelque orgueil, mais sur la langue, les différences s'accentuaient bien davantage : lorsque le marc entrait dans la bouche, encore frais, il possédait une certaine raideur qui gênait l'appréciation, mais lorsque, emprisonné un instant, il s'était doucement attiédi au contact de mes muqueuses, il dégageait un parfum précis ; c'était comme l'essence même de la région, l'extrait des parfums de toute la campagne, l'âme de ces terrains favorisés.

Dans les plus récents, on croyait sentir la fraîcheur acide du printemps, dans d'autres, plus vieux, on sentait la chaleur passionnée des splendides journées d'été et dans les plus anciens, versés au compte-gouttes, on discernait la molle tiédeur de ces fruits trop mûrs que l'on trouve sur le sol des vergers, dévorés par les guêpes au cours des éclatantes journées d'automne.

Entre deux eaux-de-vie contemporaines, les buveurs pouvaient encore trouver des différences qui venaient du tour de main du distillateur, de la qualité des moûts employés. Je voulus m'entêter à participer à ces expériences alors que, la veillée se prolongeant, la lampe de porcelaine se mettait à filer, grillant impitoyablement les derniers insectes qui venaient, trop près, lui faire la cour. Je m'acharnai à déguster, sombrant dans une inquiétante quiétude, assailli par une agréable torpeur qui me faisait un visage souriant, une langue diserte et des paupières palpitantes.

Je ne sais ce qui se passa par la suite.

Je me réveillai sous le ciel laiteux de l'aurore, dans un de ces terrains que je prends plaisir à décrire dans chacun de ces récits : dans une friche. Au ciel, on voyait encore des étoiles, un brouillard montait, par bouffées, par les failles boisées ; le froid du matin m'avait dégrisé et j'étais étendu en travers d'une de ces petites venelles, un de ces mille petits sentiers que les bêtes sauvages tracent assidûment dans les hautes herbes, à force d'y piétiner. De part et d'autre, ce sentier s'en allait en zigzag vers un but mystérieux : une source, un terrier, une chaume râpée où les lapins s'assemblent pour égrener le chapelet de leurs petites crottes bien dures... Un rendez-vous d'amour peut-être ?

Un renard, ponctuel, passa dans la lumière indéfinissable de l'aube ; il suivait ce sentier qu'il avait tracé lui-même, sans doute ; il ne pouvait manquer de me voir, cependant il s'arrêta à trente pas, puis, sans se presser, il se mit à chercher des campagnols pour en faire son déjeuner du matin.

Par-dessus les herbes, je voyais les forêts sombres couvrant les formes lascives de nos montagnes, ces montagnes qui ressemblent à des croupes de femmes couchées et, par endroits, ce manteau se déchirait pour laisser entrevoir une corniche de calcaire. Très bas, dans le flou du lointain, entre des marronniers roux, un clocher brillait déjà, comme un éteignoir de cuivre rouge.

L'œil de carpe

Lorsque nous fûmes arrivés à la maisonnette rongée de mousse bien verte, au bout du chemin forestier, Bobo Chinel [1], l'amuseur de noces, se retourna en riant et, prenant un air mystérieux, me dit :

« Alors tu veux savoir ?

– Bien sûr », fis-je, impatienté.

Sur le seuil de la chaumière, dans ce minuscule jardinet dont les corbeilles étaient plantées de pommes de terre et bordées de persil, il s'arrêta, me faisant signe d'approcher. Je lui demandai, encore une fois, suppliant : « Oh, dites-moi ce que c'est ? »

Alors, dans l'ombre du petit couloir qui conduisait au bûcher, il me dit : « Ça change tous les ans, mais cette année c'est “ ça ”. »

Et il ouvrit toute grande sa main rugueuse aux doigts effilés ; dans le creux plus blanc de cette patte immense, au carrefour des lignes dans lesquelles il lisait à merveille, lui, Bobo Chinel, l'amuseur de noces, je vis un œil de carpe. Cet œil, un peu flasque et comme rempli de court-bouillon glauque, me regardait.

Étonné, mais plein d'admiration, je murmurai : « C'est ça ? »

1. Déformation enfantine du surnom « Polichinelle ».

Il répondit, encore plus extraordinairement mystérieux : « Oui ! »

Immédiatement, j'avançai la main pour le prendre, mais Bobo Chinel se retira, toujours souriant comme il savait le faire lorsque, précédant un cortège nuptial, il raclait brutalement son crincrin.

Par la petite fenêtre carrée, on voyait, encadré comme dans une exposition, un panorama des plus simples, et calme comme le philosophe qui était maître de céans. Tout près, les tiges des osiers, complètement dégarnies de feuilles, apparaissaient, rouges, comme couvertes de sang, et, au loin, c'étaient des forêts où Bobo Chinel, l'amuseur de noces, aimait à se promener en jouant du violon. Dans la pièce, cela sentait le fruit sec et le vieux fromage. Il répéta :

« Chaque année ça change, mais cette année c'est ça !

– Et pourquoi " ça " change tous les ans ? » lui demandai-je, sans quitter des yeux cet œil de carpe qu'il faisait rouler dans le creux de sa main.

Il répondit, toujours ironique et bizarre : « Parce qu'il faut que ça change, pour éviter la monotonie ! »

Puis il devint très grave et dit : « Bien sûr, je plaisante. En vérité, ça change parce que c'est le résultat de tellement de causes et de causes qu'un simple événement comme la mort d'un chat noir peut le faire changer ; chaque année, je dois chercher, aux jours propices, pour savoir... et le résultat de ces études est d'une extrême importance. »

Est-ce possible, pensai-je, que ce fainéant qui ne sait que gratter les cordes de son violon et chercher des champignons, ait le courage de tant étudier ? Mais, par respect, je ne lui fis pas part de cette réflexion et je lui demandai, fixant toujours l'œil globuleux : « Et l'année dernière, qu'était-ce ? »

Il ricana de plus belle : « L'an passé, je ne m'en souviens plus... cela n'a aucune importance ! »

Comme j'aimais ces réponses, inattendues et stupides, qui vous laissent en suspens, je me demandais où en étaient ses réflexions et où il avait laissé sa raison.

Il tenait toujours la main ouverte, et l'œil, toujours plein de court-bouillon, se déformait légèrement dans le creux de sa main comme un œuf poché. Et je le regardais, et je le regardais. C'était, me semblait-il, un œil de carpe extraordinaire : la pupille était cerclée d'or, ce qui lui donnait à mon sens énormément de valeur, et il était tellement gros et de forme si bizarre !

« Et comment l'avez-vous obtenu ? » osai-je demander.

Mais c'était la question à laquelle il s'attendait le moins, car il me regarda, stupide : « Je l'ai arraché à une carpe, tiens ! » dit-il.

Je sentis qu'il ne fallait pas aller plus loin dans son secret ; aussi, je me contentai de dire, d'un air détaché : « Alors, c'est ça ? »

Il reprit : « Oui ; avec ça, on ne craint plus rien. On n'offre plus aucune prise à l'adversité : on ne possède rien et on est riche, on ne comprend rien et on est intelligent, on ne sait rien et, cependant, on peut aborder n'importe qui et lui parler comme un livre, on est seul au monde et on se connaît une multitude d'amis fidèles... et discrets », ajouta-t-il en riant sous cape.

– Oh, comme je voudrais votre œil de carpe ! » ne pus-je m'empêcher de lui dire.

Il continua comme s'il n'avait pas entendu : « Ce n'est pas un porte-bonheur, seuls les imbéciles ont foi en leur porte-bonheur. Ce n'est pas un talisman non plus, c'est tout simplement un morceau de bonheur qu'on a dans sa poche », affirma-t-il en me regardant, hilare.

Je répétai : « Oh, comme je voudrais votre œil de carpe ! »

Cette fois, il m'entendit, mais il décrocha son violon, gratta les cordes avec son ongle sale pour se rendre compte si l'humidité ne les avait pas distendues et, sur un accord nasillard et faux, il commença le « virtonton » toujours semblable à lui-même et interminable qu'il jouait à chaque noce :

Viens, viens, viens, malheureuse viens,
Viens, viens, viens, malheureuse,
Tu sors de chez guère, tu rentres chez rien !
Viens, viens, viens, malheureuse viens !

Auréolé par la rousseur fauve de ses cheveux hirsutes, ses yeux écarquillés reflétant l'incendie du couchant, sa bouche de pitre largement ouverte, il personnifiait la joie ; la Joie intrinsèque, celle que l'on extrait de la vie la plus simple par des prodiges d'ingéniosité satisfaite.

C'était vraiment un homme heureux.

Il prit le fameux œil de carpe et, d'un geste large, me le donna.

Je tendis donc mes deux mains, et Bobo Chinel y déposa l'œil de carpe. J'enveloppai cet œil dans mon mouchoir blanc et, l'ayant enfoui dans ma poche, près de mon couteau, je rejoignis le chemin pour traverser le petit bois qui donne sur les pâturages des gueux. Je marchais vivement, en regardant le ciel qui était rouge et semblait barré par d'extraordinaires nuages violets. J'entendais encore derrière moi le Bobo Chinel qui, sur le seuil de sa porte, faisait grincer son crincrin « pour honorer la belle fin de journée », comme il disait.

Et je marchais, regardant le beau ciel de novembre, sautant par-dessus les petits buissons de houx et d'épine-vinette, dont les grappes avaient la couleur du firmament.

L'œil de carpe dansait dans les plis de mon mouchoir et je ne pus résister à l'envie de le regarder, mais de le regarder sur toutes ses faces, sans contrainte, et même de sonder sa blancheur vitreuse pour savoir enfin de quoi il tirait ses bénéfiques vertus. Je m'arrêtai donc et je dénouai le mouchoir. L'œil reflétait le ciel comme les flaques bitumineuses que l'on observe sur l'eau de certaines sources, avec des chatoiements de moire polychrome.

J'étendis, comme une nappe de moisson, mon grand mouchoir blanc sur l'herbe, je plaçai l'œil au centre et, à plat ventre, j'observai ce cadeau magique de Bobo Chinel, l'amuseur de noces, et j'entendis encore :

« Avec ça, on ne possède rien et on est riche, on ne comprend rien et on est intelligent. »

Malgré moi, j'ajoutai : « On ne fait rien et on s'enrichit. »

Je sortis mon couteau de ma poche, je l'ouvris et, me servant de l'extrémité pointue de la petite lame, la plus effilée, je tournai et retournai l'œil de carpe. À un moment, je fis un faux mouvement et la lame creva sa surface brillante. Un peu de liquide s'écoula, formant une tache jaunâtre sur le lin de mon mouchoir, comme un abcès qui se vide. Puis l'œil apparut, tout flétri, et je supposai qu'ainsi déformé il n'aurait plus les mêmes vertus ; aussi je l'enveloppai de nouveau dans la toile fine et je remontai chez Bobo Chinel qui, assis sur un banc, jouait en sourdine :

Viens viens viens malheureuse viens,
Viens, viens, viens malheureuse...

Je n'osai lui avouer que l'œil de carpe était crevé, flétri, peut-être perdu, parce que j'étais étonné de voir que, privé de son œil de carpe, le Bobo Chinel chantait et riait toujours. Je lui dis, pour engager la conversation : « Vous ne préparez donc pas votre soupe ? »

Il répliqua : « Oh, j'ai bien le temps. J'attends que la boule du soleil ait disparu à l'horizon. Tant que je la vois, je la regarde, et j'essaie d'imaginer la profondeur des cieux qui l'environnent ; je m'applique à donner un volume aux points lumineux qui sont les astres, afin de ne pas les considérer comme de simples lumignons lointains, mais comme des mondes, vivant une autre vie que la nôtre et reflétant une lumière qui ne nous éclaire plus.

– Et vous êtes heureux ainsi ? »

Il répéta, cédant à sa manie :

« Je ne possède rien et je suis riche ; je ne comprends rien et je suis intelligent.

– Mais cependant, lui dis-je, pouvez-vous être riche sans rien posséder et intelligent sans rien savoir maintenant que vous m'avez donné l'œil de carpe ? »

Il répondit simplement avec sa même ironie :

« J'ai encore l'autre œil de carpe ! »

Le Téchon

Les rhubarbes se réveillent sous leur poil qui ressemble à de la bourre ou à du feutre et déroulent des petits moignons roses comme des doigts velus ; elles sentent que la lune rousse est passée : la tiédeur de l'air les invite à ouvrir les grandes ombrelles de leurs feuilles ; elles se hâtent d'avaler du soleil, rattrapent les renoncules qui avaient pris de l'avance et dépassent chiendents et pissenlits qui bavent des bulles blanches. Alors le Téchon [1] sort de la petite maison aux vitres de papier ; il a pris son grand sac et son bâton ; il sent lui aussi qu'un été l'appelle sur les chemins pour traînailler le long des bois ; il a dormi l'hiver, comme une marmotte, dans la cabane qui sent la sueur, mais il sait que ça ne peut durer : la fin des morilles l'oblige à quitter les parages, et, dans sa poitrine, quelque chose l'oblige à partir comme les grives qui se déplacent, à certains moments, pour s'en aller de vigne en vigne.

Il sort donc de sa cabane et ferme sa porte qu'il attache avec une ficelle ; il met des pierres sur le seuil, des grosses pierres qu'il a peine à remuer et qu'il a préparées, hier soir, la joie dans le cœur, en pensant : Je pars demain ! Il

1. Surnom donné à l'homme qui, dans la campagne bourguignonne, accomplissait à la demande de nombreuses tâches : le tâcheron, le tâchon, le téchon (prononciation locale).

regarde tout cela avec un sourire. Il fait le tour de la cabane, grimpe sur le talus qui la soutient sur sa rude épaule, et la voit, couverte gentiment de laves et de tuiles ramassées ; il la sent creuse comme une coquille de noix que les corbeaux auraient vidée, et la regarde avec amour parce qu'il l'a presque entièrement construite ; il monte plus haut : elle rapetisse ; il monte encore et se retourne pour sourire de la voir confondue avec la terre herbue et bosselée, face au chemin blanc ; il est heureux : la lumière du printemps entre dans son corps ; il s'en gave, elle le nourrit comme un aliment. Il se sent gaillard, il rajeunit, il part !

C'est sa passion : partir ; il a organisé sa vie pour pouvoir partir, aux premiers beaux jours, sans rien laisser traîner derrière lui. Il va du côté du soleil, par-dessus les bois, et dort ici ou là en chantant même dans ses rêves. Avant de tourner, au coin de la coupe, il a encore un regard pour le petit panorama familier qui l'a réjoui tout l'hiver. Parti sans que les gens de Saint-Vincent aient rien vu, il s'est arrêté, loin dans le chemin qui sent l'écorce fraîche, et il regarde Saint-Vincent empilé sur la côte d'en face, partagé par la rue qui monte toute droite, pleine de volailles et résonnante de coups de fouet, jusqu'à l'église à la tour carrée. Il prend le temps de nommer les gens qu'il voit aller et venir, gros comme des fourmis dans un tas de pierres étalé sur un talus. Il voit tous ceux de Saint-Vincent, et ceux de Saint-Vincent ne le voient pas. Ils ne savent pas que le Téchon est parti, parti pour sa tournée, sa grande tournée d'été. Demain seulement ils s'apercevront que le Téchon n'est plus dans sa cabane ; ils diront : « Le soleil fait sortir le coucou de son nid. »

Et le Téchon sourit en ôtant son grand chapeau ; son crâne luit comme une trompette ; il prend le sentier dans le bois, un sentier entre deux concerts d'oiseaux et de mouches de toutes les couleurs, il se met à chanter en montant son petit chemin embarrassé de campanules et de branches frisées de lichens. Il rit : il est comme ça, le Téchon.

Au-dessus des friches, il fait encore frais, un bout d'avril y est resté accroché ; mais ça s'arrime [1] et les gentianes dressent l'oreille. De là, tout d'un coup, on ne voit plus de toits ni de murs, ni même de clôtures en haies vives ; c'est la fin du monde, on peut aller à droite, à gauche, trotter, courir, on n'est pas gêné, alors le Téchon gonfle sa poitrine d'un grand paquet d'air qu'il laisse filer entre ses lèvres en faisant « Fu fu fu ! » Il appelle ça « faire le plein ! » Il ne sait pas pourquoi ; peut-être veut-il dire qu'il se vide de l'air lourd de la vallée pour se remplir de celui qu'il trouve ici et qui est pur et léger comme une tisane de sureau. Et il a comme ça, devant lui, des espaces et des espaces qui n'appartiennent quasiment à personne, silencieux et calmes à en faire peur lorsqu'on n'en a pas l'habitude.

Le Téchon n'a pas peur des plateaux, secs comme des dalles, pas plus que des bois clairsemés qui s'entrouvrent pour vous accueillir puis se referment sur vous et vous font prisonnier de leurs grandes voûtes vertes ; au contraire, il a moins peur ici que chez les hommes, en bas, où les chiens vous mordent les mollets si vous portez un sac et un bâton, où les hommes vous mordent le cœur jusqu'à vous en faire bien mal, le Téchon sait ça.

Il suit un sentier qui se perd dans la chaume ; il ne voit plus le sentier, mais il marche bien droit ; il sait où il va ; la peau de son épaule et de son dos colle à sa chemise, là où son sac appuie, bourré de choses ; il commence à sentir une petite sueur qui sourd de son front, de ses joues, sous sa barbe, et qui roule sous ses poils en le chatouillant.

1. Arrimer : arranger (terme maritime).

Voilà qu'il commence à être heureux, heureux à en éclater ; il regarde le ciel qui ressemble à un bol de porcelaine bleue, un grand bol, renversé sur le monde. « Ah ! qu'on est bien ! » Il n'y a pas de vieux au monde qui soit heureux comme lui ; il attribue ça à la sagesse qu'il a eue de savoir organiser sa vie ; à cette pensée il est plein d'orgueil.

Il traverse alors un grand, grand espace de hautes herbes ; il n'en voit pas le bout parce que le plateau est bombé et que l'autre côté dégringole sur les roches, au-dessus de la vallée ; il marche droit comme sur une route tracée par des ingénieurs, en s'orientant sur des genévriers qu'il connaît. Devant lui, un nuage tout blanc sort de la terre et monte dans le ciel, en changeant de visage ; il domine le plateau plein de cailloux plats ; le Téchon le regarde en marchant et le coucou, à gauche, se met à chanter. Lentement, le Téchon appuie de ce côté-là ; il se rapproche d'une lisière de bois : un taillis dominé par de très grands chênes qui s'épanouissent comme des parapluies. Toute la forêt penche vers le sud, présentant sa face au grand soleil ; elle s'élargit jusqu'à la crête de la montagne alors que la friche se rétrécit, toute blanche d'herbe morte, par endroits ; c'est là que va le Téchon ; il pense : Voilà le bon coin ! Il le sait parce que c'est là qu'il commence sa tournée, tous les ans, et c'est là qu'il a eu les plus beaux résultats, en début de saison.

Les abords du bois sont encombrés de ronces et de petits prunelliers qui poussent, semés par les renards au moment des prunelles. Le Téchon traverse ce réseau et les branches grattent le velours de sa culotte au passage ; plus loin il y a de la pierraille toute blanche sous des coudriers qui pleurent des larmes de sève.

Le Téchon regarde avec attention ces pierres où tombe l'ombre grise des jeunes feuillages ; il s'immobilise et attend, le regard fixe, tout en sortant une grande boîte de son sac, une grande boîte qui n'est qu'un bidon d'essence, fermé par un couvercle à trous comme une goujonnière. Il attache cette boîte sur son ventre et se glisse lentement dans le taillis. Il marche sans faire craquer les fascines laissées par les bûcherons de la dernière coupe, courbé en avant, le nez au niveau des genoux. Sa boîte est ouverte, toute béante, prête à recevoir une récolte de vipères vivantes.

Voilà le premier travail du Téchon : prendre des vipères, les mettre dans sa boîte ; ensuite il descendra dans les villages pour toucher ses primes. Il a bien d'autres métiers encore : il est taupier, il vend des rameaux de buis, des noisettes, du lilas et des champignons, suivant la saison.

Il se met à siffler, mais le sifflement sort, aigu, de ses lèvres et cela ressemble plutôt à un glissement de reptile sur des feuilles mortes ; parfois, il module un air, un air de noce qu'il jouait sur sa vielle, jadis, puis reprend son sifflement pour endormir les vipères. Sa grosse main avance, au-dessus des courtes broussailles, comme s'il les caressait.

Abrité du nord comme il est, il a bientôt trop chaud dans sa grosse veste et son pantalon de velours. De la terre, lui revient le reflet du soleil ; sa peau rougit et, comme on dit, il a le sang à la tête, le Téchon. Une jeune vipère de l'année l'attend, toute raide, la tête coquette, le museau gris, en se balançant doucement sur ses anneaux bien ramassés ; elle écoute son sifflement bizarre ; il est tout près d'elle mais elle n'a pas encore bougé parce qu'elle l'attend pour la lutte, toute pleine de venin neuf. Sur la terre nue, près de quatre petits cailloux, son cou se galbe ; on dirait qu'elle se rengorge, orgueilleuse. Le Téchon lui parle comme à un enfant : « Ma belle, ma mignonne, fais pas la mauvaise ! » Elle écoute en dodelinant de la tête comme un moineau, son corps joli est bien pris dans sa robe d'écailles toutes fines, son œil est vif, noir comme une pointe de jais.

Tout à coup, elle se jette sur la terre chaude d'un coup vif et, en se déliant comme un fouet qui claque, elle veut fuir sous les épines qui sont tout près ; mais le Téchon attend ce moment, il allonge la main, la saisit par le fin bout de la queue, la soulève, vite, la tête en bas et la jette dans sa boîte où elle se met à siffler de rage. Il l'a cueillie comme on fait d'une fraise, mais sa peau frissonne comme celle des chevaux sous la piqûre des mouches et il grimace : jamais il n'a pu vaincre le dégoût instinctif de l'homme pour le reptile, si souple, si glissant, si dangereux et, à chaque fois, il pense : C'est drôle comme le ventre me gargouille ! Puis il va plus loin, toujours à pas de loup, sans se presser.

Il fait une bonne récolte grouillante, dans sa boîte, durant toute la matinée ; au passage, il rafle des fraises, toutes petites et fermes, charnues comme des joues de Bourguignonne. Il a bientôt atteint le rebord du bois qui plonge sur des brumes violettes et épaisses comme des fumées. Tout le pays bascule vers des rivières qu'on ne peut pas voir d'ici et semble se bouleverser à plaisir, mais sans outrance ; la terre se gonfle sous les chênes, elle se creuse comme des joues maigres sous les pommettes, pour servir de berceau à des hêtres pleins de lierre qui regardent passer des ruisseaux ; par endroits, fatiguée, elle s'affaisse en des creux tout frais qui sentent le salpêtre, puis voilà que, plus loin, elle remonte vers le ciel, jeune et beau, rempli de soleil. On dirait, sous ses forêts, qu'elle secoue une crinière, une crinière verte de végétation ; comme si elle voulait s'en débarrasser, elle s'élève bien haut pour redescendre brusquement, dans l'ombre.

Le Téchon s'assoit sur un rebord où rampe de la mousse, courte et drue tel du poil de chevreuil. Il s'accoude et s'étend, la chair fatiguée, les reins enraidis par la vieillerie et les yeux papillotants ; il voit des points et des virgules dans le ciel et reste ainsi des minutes en se retournant, de temps en temps, pour ne pas taler toujours la même fesse. Par le nez, par la bouche, par la peau, il respire l'ombre tiède qui sent la ruche. Ainsi il se repose de son hiver et s'offre à l'été qui s'approche. Il lui dit : Prends-moi, chauffe-moi, me voici tout étendu, ramolli par les privations d'un hivernage.

Il sent que quelque chose de doux lui passe dans le corps, comme s'il buvait du vin. En geignant, il se relève. « Je suis ressuscité ! » crie le Téchon sous son joli plafond de feuilles tremblotantes.

Maintenant, il a ouvert sa boîte et vingt têtes en triangle se sont levées, percées chacune de deux yeux qui ne regardent jamais en face ; le Téchon reconnaît les pères, les mères et les petiots, mais il faut être lui pour reconnaître tout ça qui se mélange comme des lianes de chanvre. Il a sorti un morceau d'étoffe rouge et, en riant, les arguigne [1] comme on agace un jeune chien ; les vingt têtes suivent le chiffon et l'attaquent, les crochets découverts, la gueule sifflante à en faire peur. Il y en a une qui vient de se faire prendre au piège : elle a planté ses deux crochets dans l'étoffe et se trouve prisonnière. Le Téchon la soulève lentement ; elle se débat et fouaille l'air de tout son corps qui ressemble à une corde bien brillante. Le Téchon la prend par la queue et, d'un coup sec, il lui arrache ses deux armes qui font, sur la toile rouge, un petit rond, noir de sang gluant. Alors il éclate de rire : il la prend par la tête puis par le milieu du corps ; elle est toute bête de se sentir sans défense et siffle : « Ch ch ! » Le Téchon, renversé sur la mousse, s'amuse avec elle comme avec un nourrisson.

1. Arguigner : agacer, provoquer.

Après cela, tout frais de sa sieste, le Téchon est descendu dans le bois en se retenant aux baliveaux pour que la pente ne l'entraîne pas ; il a marché au bord du ru où les eaux de printemps avaient taillé de jeunes petites falaises. C'est ainsi qu'il est arrivé à la nouvelle coupe où il a rencontré les ouvriers qui buvaient à la régalade en mâchant du fromage blanc ; il leur a montré ses vipères et a fait des tours avec celles qu'il avait désarmées : il les a mises dans sa bouche, malgré son dégoût, car il sentait le vin qui s'approchait, comme récompense. Il en a pris une toute petite qu'il a gobée, grouillante, comme s'il avait mangé un macaroni ; il l'a gardée, roulée sous son palais, froide et lisse ; elle lui chatouillait le gosier à coups de langue, cette langue fine comme un poil fourchu. Il en a pris une plus grosse qu'il a roulée autour de son cou sale et s'en est fait un collier ; il l'a jetée dans sa chemise ouverte : elle a glissé sur son corps et elle est ressortie par la jambe de sa culotte ; enfin, il en a pris cinq, les plus grosses, et les a nouées ensemble comme des cordes et toujours elles se dénouaient pour tenter de fuir.

Tous les bûcherons ont ri, un peu inquiets, ils ne savaient pas que les bêtes étaient inoffensives et prenaient le Téchon pour un sorcier. Après tous ces exercices, le Téchon a eu sa récompense : on lui a donné un litre au tiers vide, pour lui tout seul ; il en a d'abord bu un peu, puis il a gardé le reste pour plus tard. C'était du vin frais, glacé comme l'eau du ru qui l'avait refroidi ; le Téchon a souri, content, brûlé de soleil au-dehors, réchauffé de vin en dedans. Son gosier a conservé aussi le souvenir d'un bon morceau de fromage blanc, mal égoutté, d'où le petit lait sortait, comme le jus d'un fruit, pour le rafraîchir.

Il a rengainé ses « an-nimaux [1] », puis il est reparti, lentement ; il avait son programme tracé pour des kilomètres et des kilomètres. Maintenant, il venait de retrouver un chemin, celui de la coupe, qui l'emmenait quelque part, plus bas, là où on ne trouve plus de muguet, parce que les gens des fermes l'ont cueilli.

Dans les bois, le long du ru, il a d'abord vu des champs, bien épierrés, dont les pierres étaient rejetées sur le côté. C'étaient les plus hautes atteintes des cultures, la marque de l'homme dans ces espaces, la présence de l'être doué de parole, l'empreinte du soc qui taille et éventre le sol. Puis, d'un seul coup, il est tombé sur la rente [2] Saint-Joseph, toute seule, avoisinée de ses granges aux portes grises, balayée par le vent qui souffle de l'est.

La rente ressemble à une forteresse, ses murs, comme des visages sans yeux, font front aux quatre points de l'horizon. Ils sont percés d'un grand portail par où entre le Téchon. Il est midi, on sent la soupe et la giroflée, alors le Téchon s'assied sur le banc et on ajoute une assiette, au bout de la table. Il montre ses vipères et recommence ses exercices : c'est ainsi qu'il paie son repas. Il respire la tranquille intimité de ce monde de la culture, mais n'est pas jaloux. Sa vie familiale, à lui, consiste à regarder, au hasard, par les fenêtres des fermes, ouvertes au soleil ; il ne cherche pas à pénétrer le secret des familles.

Les fermes, pour lui, sont des auberges gratuites qui lui doivent le couvert, c'est tout. En compensation, il régale tout le monde de ses histoires, des nouvelles fraîches de deux ou trois mois, il raconte les mariages, les baptêmes, il cite les morts en faisant triste mine, il imite la voix des uns

1. « An-nimaux » : usage et prononciation locaux.
2. Ferme souvent perchée sur un sommet.

et des autres, et tout le monde est intéressé. Aujourd'hui, il y a là une foule de gens. Le Téchon est étourdi, il se contente de regarder. Il y a le fermier qui est rouge de joue et de nez, noir de poil, et ses oreilles sont toutes rongées, sur les bords, on ne sait pourquoi ; ses commis lui disent, en riant, que les rats les lui ont mangées, une nuit qu'il a couché dans un fenil, en revenant de voir les filles ; c'est une bonne plaisanterie ; il sent le cheval et la terre, deux goûts qui se sont incrustés dans le velours brun de ses habits. Le Téchon aime sentir ces parfums-là : « Ça sent le travail ! » comme il dit ; il est un peu jaloux, jaloux et satisfait aussi, car il sait bien que, lui, il sent la paresse.

Le fermier est un fin, un homme qui sait faire parler les gens. Il demande au Téchon :

« Et le Louis, qu'est-ce qu'il devient ?

– Il est mort !

– Il est mort ! Bon Dieu ! il a mon âge... Il est mort, le pauvre vieux, il était de quatre-vingt-deux, un an de moins que moi qu'il avait. »

Il y a un petit silence pendant lequel le fermier remue quelque chose dans sa tête, puis il dit : « Mort, le Louis... quand même ! »

Entrent le commis et le grand fils qui tapent leurs souliers sur le seuil, pour faire tomber la terre. « Téchon, tu tombes à pic, voilà que la fauchaison va commencer, il y aura du travail. Reste à la rente, tu garderas les moutons. »

Le Téchon dit « Non ! » en faisant la moue.

« Non ?

– J'y tiens pas, tu vois, dit le Téchon.

– Ça sera pas dur et t'auras la table garnie, un lit et du temps de faire [1] !

– Oui, oui, j'aurai aussi tout ça sans travailler, rien qu'à montrer mes vipères !

1. Du temps libre (expression locale).

– Montrer des vipères, c'est pas un état d'honnête homme, ça revient aux camps volants, ça !

– Laisse faire », dit le Téchon en faisant un petit signe de la main.

Il a l'air fin d'un vieux notaire qui sait son affaire et pense : Pas la peine d'avoir su arranger sa vie si c'est pour travailler, toujours dans le même coin, se faire du mauvais sang. Il dit tout haut : « C'est pas les malins qui travaillent. »

Le fermier n'aime pas ça ; si ça n'était pas le Téchon, il le flanquerait à la porte, à coups de pied dans le derrière, mais le Téchon, c'est différent : les vieux l'ont vu courir comme ça depuis leur jeunesse, ils l'ont toujours accueilli et hébergé ; il y a une tradition.

Le Téchon continue, en souriant : « Et puis, je suis trop vieux pour commencer.

– Bien sûr, on ne dit pas. »

On entend les mouches qui se prennent les ailes dans la glu de l'attrape-mouches, sous la suspension en porcelaine blanche, et aussi le bruit de la soupe qui dégouline dans les estomacs vides. Quelqu'un dit : « Quand même ! » mais on n'en parle plus ; le Téchon fait ce qu'il doit faire, il vit de peu, c'est un fainéant, mais on ne peut rien lui reprocher ; ça n'est pas pour ce qu'il mange ! À cet âge-là, on n'a pas gros appétit, pensez ! En tout cas, c'est un honnête homme, ça n'est pas un trimardeur d'occasion, c'est un trimardeur de métier, qui connaît tout de la campagne et rendra plutôt volontiers service, à l'occasion.

« Téchon, mange de la potée [1], ça donne du sang ! »

Lui, habitué à de drôles de brouets sans goût qu'il se fait sur deux pierres, dans une gamelle, il est tout content de mâcher le goût du lard, du côtis [2] et du petit salé. Il aime

1. Soupe au chou et au lard.
2. Plat de côtes de porc, mis au saloir.

ces repas inattendus et variés, inégaux, ces mélanges qu'il reçoit, sur le bout du banc, lorsque tout le monde est servi ; il prend surtout de la sauce, beaucoup de sauce, et dedans il émiette son pain pour que ce soit très, très épais, comme un béton. Voilà ce qu'il aime, le Téchon.

Il connaît les meilleures cuisinières et le goût de la cuisine de tous les ménages ; il a l'embarras du choix et dit en riant : « J'aime beaucoup changer de cordon-bleu. » Il mange un peu de lard, du gras qui sent la noisette, du fromage sec qui se coupe comme de la fécule et qui a une croûte dorée, presque rouge. Il dit qu'il n'a plus faim, mais il reprend de ce fromage. Il sait qu'il a séché tout l'hiver entre deux feuilles de platane, puis dans un pot de grès, au cellier : c'est un fromage fait qu'on a retrouvé dans un pot, bonifié par l'âge, comme les vins.

La patronne apporte un flan, un flan aux pruneaux, tout glacé de sucre et bariolé de bandes de pâte, en disant : « J'ai fait des flans pour attendre les petiots, mais tant pis, mangeons celui-là. » Voilà le régal du Téchon. Il s'adresse à lui-même : Quand je te le disais que le Bon Dieu te guidait par la main.

Lorsqu'il a sa part, comme tout le monde, une salive fraîche lui vient dans la bouche : J'ai eu le nez creux de commencer ma tournée par ici, pense-t-il.

Tout haut, il ajoute : « Sacristi ! C'est bon, ça... Moi, je ferais des kilomètres pour manger du flan ! » Et tout le monde rit.

Les commis se lèvent, sortent sur le tertre blanc de soleil et vont s'étendre sous le noyer ; le Téchon sort avec eux et le fermier suit tout son monde, pendant que les femmes font leur tripot [1]. Ils s'assoient et regardent dans la vallée.

1. Faire son tripot (expression régionale) : s'occuper du ménage et de la cuisine.

Au fond, un petit filet de route blanche [1] se tortille, caché de-ci de-là par des acacias fleuris. De grandes plaques d'herbages épais et feutrés se partagent le fond de terre humide, des herbages soyeux, réservés pour la fauchaison, où les saules font des boules grises abritant les bêtes [2], grosses d'ici comme des fleurs blanches ; sur ces herbages tombent des forêts qui descendent de la montagne. Les hommes regardent tout cela, sans rien dire, en rotant.

Le Téchon rumine ses pensées. Le fermier lui dit : « Fait chaud ! »

Il ne répond pas, voilà qu'une idée lui est venue. Puis, d'un coup :

« Alors, comme ça, vous attendez les petiots ?

– Oui.

– Peut-être le gars qu'est fermier au Reutenot ?

– Non, la fille qu'est mariée au charron d'Echannot ; elle vient pour les foins avec son petit. »

Le Téchon ne savait pas que la fille avait un petit.

« Un garçon, qu'elle a ?

– Oui, et un beau, un gaillard. »

Le Téchon sourit : voilà une bonne nouvelle à colporter partout, au cours de la tournée. Il se satisfait de peu, mais il ajoute :

« Vous êtes contents, tous ?

– Pardi ! La femme en est toute folle ! Elle passe son temps à faire des flans pour le temps qu'ils seront là !

– Ça se comprend, dit le Téchon en hochant la tête.

– C'est pour ça, dit le fermier, que je te demandais de rester ; il y aura du travail pour les foins, le berger va nous aider, tu comprends ? C'est un jeune, il est solide. Alors tu le remplacerais derrière les moutons, voilà !

1. Route carrossable non goudronnée.
2. En Auxois, les « bêtes » sont les bovins d'embouche, de race charolaise, donc entièrement blanche.

– Tu sais que j'aime pas ça ! dit le Téchon, pour se faire prier.

– Oui, je sais que le travail te fait peur. »

Le Téchon reçoit ça en pleine figure, sans broncher ; il est habitué à ces affronts qui, en somme, lui rapportent. Il murmure :

« Non, dis pas ça, le travail ne me fait pas peur, j'ai mon métier aussi, moi. »

Le fermier éclate de rire. « Ah ! ah ! ah ! » Ce rire cascade sur les arbres, plus bas, et descend jusqu'au fond du val, puis, lorsqu'il a repris souffle, le fermier aux oreilles rongées insiste : « Allons, Téchon, reste aux moutons, rends-moi service, tonnerre ! » Le Téchon attendait ça ; il se balance comme pour hésiter, mais il sent les potées, les bons plats, les treuffés [1], les fromages et les flans, surtout les flans qui sentent le four et le verger, cela lui tourne dans son vieil estomac gourmand, alors il dit : « Bon, ça va, je te garderai les moutons, mais c'est bien parce que c'est toi ! »

Le Téchon est monté dans la chambre qui lui revient : elle est en pignon, au-dessus de la bergerie ; elle n'a pas de porte, mais une fenêtre seulement, par laquelle on entre après être monté à l'échelle. Il ne faut pas être malin pour voir que c'est un morceau de fenil qu'on a cloisonné et aménagé : un lit de planches, dans un coin, avec une paillasse bourrée de maïs bien sec et une grosse couverture ; une caisse qui fait armoire, bien menuisée et rayonnée comme un meuble de poupée. Dans un verre, sèche un bouquet de renoncules ; au mur sont fixées des images de femmes et des vues d'une ville de garnison de l'Est.

1. Plat de « treuffes », c'est-à-dire (en patois) de pommes de terre.

Tout ça sent le foin, le linge, le poussier de machine à battre ; c'est du vrai luxe pour le Téchon, surtout parce que c'est propre ; il y jette son sac et dépose sa boîte à vipères dans un coin, sous une glace cassée retenue à la cloison par des pitons, et se met à penser : Je les ferai porter à la mairie par un gosse pour toucher les primes.

Il est bientôt redescendu de son nouveau logis et va vers le hangar, pour refaire connaissance avec les aîtres de la maison : les poules y font des nids en frottant leur ventre dans la poussière, les machines agricoles lèvent les bras au ciel, un peu de paille déborde du pailler ; par les lucarnes, les bâtiments dorment au vent, au centre des terres cultivées qui échancrent, de leur couleur plus claire, la forêt brune. Il n'en revient pas d'être loué, lui, le Téchon ; son âme de traîneur en est toute bête ; il a déjà regret d'avoir accepté et monte entre un blé qui pousse et un sainfoin de l'an passé qui reste en jachère ; déjà il veut se reprendre et s'isoler ; demain, à cinq heures, il doit emmener les moutons sur le chaumeau ; ça lui fait peur, à lui qui ne s'était jamais préoccupé du lendemain. Enfin ! C'est plutôt pour les flans et le fromage, se dit-il pour s'excuser.

Il marche ; de ses souliers déchirés il écrase des tapis de camomilles, dont l'odeur amère gicle comme du jus ; il hoche la tête, les mains aux reins, et tue le temps en regardant autour de lui.

La rente Saint-Joseph n'a pas peur de se montrer : elle ne se blottit pas, tassée de peur ; elle s'exhibe à toute la vallée, sur son avancée de plateau dominé par les bois du dessus ; elle n'a de fenêtres que vers le sud et le levant, pour gober le soleil, et fait le dos rond au nord qui souffle dur ici, en mars. Son portail est comme une grande bouche ronde qui gruge le chemin. Ce chemin vient de la commune, qu'on ne voit pas, mais qui est du côté de l'amont, derrière une sapinière chantant au moindre vent.

À la vue de ce chemin qui s'en va, il pense : Je n'aurais pas dû accepter ! Ça le tourmente, il ne s'aperçoit pas qu'il est arrivé sur le terrain de pâture où s'étale le troupeau : d'un côté, à l'ombre d'un petit roncier, le groupe du berger et de ses chiens, de l'autre, les moutons, tous nus, tondus de frais et de ce fait bien rajeunis.

Le berger, Téchon le connaît, est un homme à petite figure, tout le bas de son visage est caché par une moustache retroussée, emmêlée, que semble retenir son nez crochu. On ne comprend pas ce qu'il dit, car ses mots se perdent dans tout ce poil. On l'appelle le Bareuzai ; il a des muscles veinés de bleu, durs comme des lianes et il est fort comme une jument ; même ses mains sont pleines de tendons et de nerfs qui grossissent quand il peine.

Il connaît le Téchon : ils ont fait des vendanges ensemble, dans le temps ; les voilà qui s'installent côte à côte, dans les étoules [1], on les voit à peine ; seules leurs têtes dépassent les hautes herbes qui sifflent au vent, comme des vipères. Là-bas, au loin, entre deux pentes de collines, les chaumes d'Auvenay sont toutes bleues.

Ils sont restés ainsi des heures et des heures, à mâcher de l'herbe, à regarder suer la langue des chiens, à souffler sur les papillons pour les mettre en difficulté ; à jaser de tout, à se dire des : Tu te souviens ? Puis, comme le troupeau était trop loin, ils ont changé de place et ont cherché un abri. Le Bareuzai, qui connaît la chaume dans tous ses replis, a tout de suite dirigé ses pas vers l'ancien chemin, celui qui prend le creux du terrain et s'enfonce dans le bois, du côté d'Échannot ; là, au revers du chemin ridé de

1. Étoule (patois) : chaume qui reste sur place après la moisson. En français : éteule. Ici, ce mot désigne des touffes d'herbes hautes et sèches.

vieilles ornières, il a retrouvé un endroit où il vient le soir, en plein été. De là, on voit, au-delà du bois, les monts chauves et pelés de l'arrière-pays ; plus près, quelques noyers et un pauvre coin de culture : c'est là qu'ils ont décidé d'attendre le lever de l'étoile qui va poindre, juste au-dessus des roches de Baume.

L'ennui a rôdé autour d'eux, mais pas un ennui amer ; au contraire, un ennui doux et pas déplaisant, un ennui rose comme le jour qui baisse. Ils ont eu un long silence en regardant les buses qui tournaient dans le ciel.

C'est alors que c'est sorti de la montagne. D'abord un chant au loin, puis des grincements de chariot et la voix d'un homme qui reprend un refrain. La voix s'envole au-dessus du bois, accompagnée par des bruits de la nature qui, loin de l'étouffer, la rehaussent ; elle sonne, jeune et joyeuse, elle réveille les sous-bois et les bandes d'oiseaux qui s'organisent déjà pour la nuit. Elle sonne, claire, un peu adoucie par la brume mauve qui suit les journées chaudes. Elle s'approche, dans le chemin montant, on l'attend, on l'écoute avec émerveillement.

Tout à coup, apparaît un homme monté sur un chariot que traîne une vieille jument ; les roues de la voiture se balancent sous le poids du jour mort : l'attelage monte le chemin, l'homme chante. La voiture n'a rien d'un char romain et la jument n'est pas fringante, mais on croirait voir arriver un char de triomphe. Le vieux chemin est ici large comme un fleuve, là étroit comme un ruisseau, tout encombré de pierres, de broussailles et de fondrières, mais c'est comme une voie triomphale.

Au passage de l'attelage, on croirait que c'est le soleil qui se lève car, derrière l'homme qui chante à tue-tête, on voit une femme qui tient un si bel enfant. Cet enfant passe dans la nature émerveillée et, les branches qui s'agitent au vent, il les prend pour des bras qui lui font des signes. Ses petits yeux nouveaux saisissent les moindres mouvements et les saluts que lui font les petites feuilles ne le laissent pas indifférent ; au contraire, ces petits gestes des toutes petites choses lui plaisent et il leur fait des sourires d'amitié. Il lui est plus sensible, à son âge, de voir ces mille petits riens que d'assister à des choses trop grandes pour son petit œil joli qui sort des ténèbres. Il sourit à sa mère, comme aux fleurs.

L'homme, son père, chante pour lui, il chante parce que son cœur est gonflé de la joie la plus pure qui soit dans le cœur du mâle : la joie qui inonde l'âme du père. La femme a un châle aux couleurs de cachemire, elle sourit au petit, comme elle sourit depuis son enfance à elle, son enfance retrouvée. Voilà pourquoi l'attelage est un char de triomphe. « Ce sont les enfants du patron qui arrivent », dit le Bareuzai, et il leur fait des signes de salut.

L'étoile vient de se lever au-dessus des roches ; le troupeau rentre, rassemblé par les chiens. Dans la cour de la ferme, il arrive en trottant et cela fait une poussière chaude, comme si on cardait la laine d'un vieux matelas. Devant la porte, le chariot est arrêté et, tout autour, ce sont des allées et venues. L'homme qui chantait a sauté à terre en jetant les guides sur le dos de la jument ; il porte une large culotte de charron, serrée à la cheville et retenue par une ceinture de flanelle bise, sa casquette est rejetée en arrière. Les commis s'approchent de lui pour le saluer à grand bruit.

Puis la grand-mère sort en courant de la maison ; elle arrache le petiot des bras de sa mère et l'embrasse à le dévorer. Tout cela fait un groupe et, autour, évoluent les chiens et la volaille. Le fermier, dans l'émotion, ne dit rien ; il a un rire plein de larmes : il voit tout son monde autour de lui ; il regarde le tout petit et dit : « Un gaillard !... Oh ! le beau gaillard ! »

Les petits cousins et les cousines qui sortent de toutes les portes font fête au dernier-né et les jeunes mères jacassent, toutes belles, toutes pleines de santé et de joie, toutes endurcies par les travaux, dorées par le soleil couchant, comme de beaux fruits qui reluisent dans un arbre de belle venue.

Le Téchon passe à côté de tout ça, l'air bête, noir d'insignifiance derrière le troupeau stupide ; il tourne la tête du côté de la montagne ; il ne veut pas voir ; il boude comme un enfant gâté. Il fait semblant de penser à autre chose, avec l'air de rien, bien sûr, tout en espérant qu'on va lui dire : « Viens voir ; le Téchon, viens voir le petit ! » Mais on le laisse suivre son troupeau sans même un petit regard pour lui.

Alors il s'assoit sur un brancard ; les pieds dans la paille, il regarde et sent remonter toutes ses rancœurs jalouses ; d'un seul coup, il mâche et remâche l'herbe amère de son égoïsme. Ça se bataille dans son esprit : Ça, ou bien ta solitude ! Il chasse cette pensée mais, à peine délogée, elle est remplacée par une autre : Avec un peu de travail et de courage, voilà où tu en serais, Téchon : grand-père, tu serais, ou même arrière-grand-père, à l'âge que tu as ! Une voix lui dit : Trop tard, beaucoup trop tard ! Il ne voit plus nettement les choses, sans doute parce que la nuit vient ; l'ennui le recouvre, comme une cloche emprisonne un melon... Trop tard ! lui chante la voix, alors il fait un effort et dit, en se souriant finement à lui-même : « Oui, tout ça, c'est bien joli, la famille, les petiots, les arrière-petiots ! Mais quel tintouin !... tandis que moi ! » Mais tout cela n'a aucun effet.

À table, tout à l'heure, il mangera du fromage et du flan à pleines ventrées, oui, mais ça n'aura plus de goût, ça sentira l'eau, dans sa bouche, et ça ne lui donnera pas de plaisir.

***

Le Bareuzai lui dit : « Tu vois, tu fais ça et ça... Tu ne laisses pas tes bêtes boire trop longtemps ! Tu vois, la porte est dure et on croit qu'elle est fermée, on s'en va et elle bâille, les brebis qui cherchent le frais sortent sans crier gare. »

Le Téchon fait : « Bon, bon ! » mais il n'entend rien.

Le Bareuzai continue, dans sa moustache : « À cinq heures, demain matin, tu ouvres la petite porte et tu les comptes, tu vois ? Il t'en faut deux cent quarante-huit, pas un de plus, et tu les emmènes dans le coin de la Combe Bonnot, c'est là que c'est le meilleur, au matin ; pour le reste, tu n'as pas de tracas : on t'apporte tes " dix heures " dans un panier, du fromage, du saucisson si ce n'est pas un jour maigre ; il y a bien de quoi faire, on t'apporte aussi ton médio [1] et tes quatre heures, tu bois à la Fontaine d'Argent, sous les hêtres, et la journée se passe tout bonnement ; les bêtes ne sont pas difficiles et les chiens connaissent leur affaire, mais il faut bien faire attention quand même. »

Le Téchon a été berger, dans le temps, il sait et ça ne l'épouvante pas, mais une autre idée roule dans sa tête.

Le Bareuzai continue à parler : « Une bonne place que je te laisse, pour sûr, tu as trouvé la bonne gâche. » La voix du Bareuzai fait brou... brou... aux oreilles du Téchon, comme le bruit soufflant du battoir, avec des hauts et des bas, mais le Téchon n'écoute pas les paroles ;

1. Repas du milieu du jour.

il regarde droit devant lui et, tout à coup, se sent bien fatigué.

Le Bareuzai dit encore : « À ta place, je profiterais de l'aubaine, je resterais berger ici, moi je serais commis ; c'est assez souvent que le patron m'a dit : " Bareuzai, si tu me trouves un bon berger, tu es mon commis et je te donne un bon mois. " »

Le Téchon ne se trouve pas de voix pour répondre. Il hoche la tête et, dans le noir, on dirait qu'il dit : « Oui, ça va, c'est entendu ! »

Le Bareuzai est sûr de son affaire, il mâchouille les poils de sa moustache et crache loin dans la poussière du hangar. Il continue : « Te voilà bien casé pour la fin de tes jours, berger à la rente, à l'abri de la faim et du froid et quasiment comme en famille.

– Oui, oui, fait le Téchon, du chef.

– C'est pas tout ! reprend le Bareuzai qui se voit premier commis, c'est pas tout ! » ; il crache : « Il y a les gosses ! Toujours des gosses autour de toi, des petiots doux comme le miel et qui ont bon fond, des petiots qui chantent et qui dansent à t'en donner le tournis, mais qui te rajeunissent » ; il crache encore : « Ainsi, moi, j'ai toujours aimé les petiots, d'accord, mais depuis que je suis là, je ne me reconnais pas, j'ai regagné mes vingt ans. Bareuzai, fais-moi un moulin. Bareuzai, taille-moi un sifflet. Bareuzai par-ci, Bareuzai par-là, je n'en vis plus ! »

L'air se rafraîchit, il sent le lait chaud qui pisse dans les seaux que les servantes tiennent entre leurs genoux, dans l'étable.

« Oui, le Téchon, te voilà fixé ici pour la fin de tes jours ! »

Le Bareuzai, bercé par le chant des ramiers, sourit aux jours à venir.

***

À trois heures du matin, le Téchon était debout depuis longtemps, il guettait le moment. Il a fait son sac, bouclé sa boîte à vipères, enjambé la fenêtre et glissé sans bruit le long de l'échelle. Il faisait gris, on ne voyait que les cailloux, parce qu'ils étaient blancs, lavés par la rosée, dans l'herbe noire. Il a longé la bergerie où il entendit des souffles ; il a trottiné sur la mousse, caché par la haie. Personne ne l'a vu, pas même les chiens, qui auraient aboyé, puis il a gagné les sapins où l'attendait une bonne odeur de résine. Il était libre : il renonçait au fromage, aux flans, il partait, les dents serrées, l'œil pas commode ; on aurait dit qu'il venait de faire un mauvais coup.

Quand le soleil a éclaté, dans la direction du Châtillonnais, au-dessus de l'horizon frisé de taillis, le Téchon était loin, il marchait sans hâte en se maintenant à mi-hauteur de la colline qui faisait une corniche. Le coin était encore mieux exposé que les pentes de Saint-Vincent ; déjà, toutes les tiges laissaient couler de la sève qui venait trop vite, comme un jeune sang ; le clocher de Mélancey a laissé couler cinq heures, bien lentement, en faisant attendre chaque coup qui tombait dans l'air frais.

Cinq heures.

Au-dessus de la montée de Brisecuisse, dans les buis, le Téchon s'est retourné, il savait que, de là, on voyait la ferme de la Rente, dans ses emblavures. Le regard du Téchon plongeait dans la cour où les commis attelaient et, par la porte ouverte de la bergerie, les brebis sortaient deux par deux, en trottant ; le Bareuzai les comptait en leur posant la main sur le dos.

Le petit crime

Au début, j'ai pensé : « Le chat de la maison, contrairement à son ami le chien, est un habile spéculateur ; rien qu'à le voir, on comprend que ses gestes, ses caresses factices sont calculés ; par ses amabilités, aux heures de silencieuse activité, il prépare un lointain avenir de sieste ronronnante. Il sème la douceur pour récolter la tranquillité. »

Oh, je l'ai bien observé ! Caché derrière un fagot, dans mon petit hangar où l'on se trouve à l'abri des mauvais vents, je l'ai vu, chauffé par un soleil aimable et calme : il profitait réellement de la vie. Je l'ai observé parce que la vie des animaux me passionne et, l'ayant étudié objectivement, je ne pus m'empêcher, au début de mon enquête, de dire plusieurs fois :

« C'est le chat qui a raison ! »

Pour se procurer des loisirs, il se rendait utile à sa façon, il avait réussi ce tour de force en faisant croire aux hommes qu'il exterminait les souris et les rats. Et cependant, a-t-on jamais vu un chat prendre suffisamment de souris pour mériter cette réputation ? Par hasard, en s'amusant, et sans qu'il lui en coûte, il se procurait une souris, une pauvre vieille souris qui ne savait plus courir, ou au contraire une toute jeune, sans expérience. Sa tactique était subtile : au lieu de la dévorer sur-le-champ, il la conservait, l'apportait devant nous et jouait avec elle. Après lui avoir cassé les reins et trois pattes, il la laissait s'agiter, sûr de pouvoir la rattraper sans effort. Il la lançait en l'air, la martyrisait, sans doute afin de la faire crier, et ne prenait de repos que lorsque tous les membres de la famille avaient pris connaissance de son haut fait d'armes et il la laissait en un coin du clos, près des groseilliers, cet endroit sauvage de mon jardin.

Il lui arrivait même de venir la reprendre le lendemain et de faire, avec le cadavre de la pauvre bête, de nouvelles cabrioles ostensibles, jusqu'à ce que le grand-père, trop crédule, s'écriât : « Voilà le chat qui a encore pris une autre souris... C'est une bonne bête ! »

Oh, alors, quelles longues siestes sous le hangar où les mouches bourdonnent ! Quelles agréables promenades dans l'herbe haute de la friche, parmi les petits œillets rouges !

J'ai été amené à dire : « Que peut-on lui reprocher ? » Il a calculé : une souris, c'est quinze jours de considération de la part de la famille entière ; et cette considération est plus qu'honorifique, elle se matérialise par une soupe au lait que l'animal boit avec un petit sourire.

Lorsque mon enquête fut terminée, je fus émerveillé de cette finesse, mais, accoutumé à observer le chat, je continuai à retenir ses moindres gestes. L'animal passait ses nuits dans une pièce que l'on nommait l'atelier. C'était un endroit bien éclairé où je plaçais mes outils et mon matériel ; le local, tiède, aurait pu faire une belle pièce, aussi le chat s'y trouvait à l'aise. Couché sur une pile de sacs, il ronronnait jusqu'à ce que j'ouvre la porte, au petit jour. Je préparais mes outils, je chantonnais, car le travail matinal m'a toujours réjoui. Lui, les yeux mi-clos, me regardait sans en avoir l'air, mais il ne se levait que vers huit heures, lorsque la grand-mère disait : « À la soupe ! »

À ce moment-là, il ne pensait guère aux souris : on le voyait s'approcher de la cuisinière. Il avait une façon insistante et discrète de mendier. Son beau corps se tendait, souple. Je suis persuadé qu'il n'avait besoin de rien, il demandait pour avoir la volupté de recevoir.

Et, tous, nous lui jetions des choses qu'il dédaignait ; il fermait les yeux et plissait les lèvres, comme pour savourer ironiquement la victoire de son habileté. Sa présence, alors, commençait à me peser.

Je l'avais trop observé, trop compris pour supporter allégrement cette intelligence animale, rivale de la mienne, qui me gênait désormais, qui créait une atmosphère de mensonge, qui emplissait la grande salle d'un louche et insupportable malaise. Lorsque je baissais les yeux, je rencontrais son regard d'agate trouble.

Après le repas, il s'étendait sur le sol. Nous, appelés par nos innombrables activités de paysans, nous travaillions sans avoir fait la plus petite sieste, et, de loin, allongé sur l'herbe rase du verger, il nous regardait travailler dans la chènevière où le soleil consumait les vapeurs fortes qui s'exhalaient de la terre retournée. Il me vint d'abord l'idée que ce serait le dernier chat que j'élèverais. Lorsque j'en parlais, la femme et les enfants se récriaient.

« Cependant, disais-je, il nous vole et ne sert à rien !

– Et les souris ? » me répondait-on.

J'avais beau répondre que les chats ne prennent pas de souris, que j'avais épié, observé le nôtre pour m'en assurer, on ne me répondait pas, on haussait les épaules, on était prêt à me traiter de menteur, ou même de fou. Et le chat régnait toujours dans les combles et sous le hangar où le foin qui glisse des chars lui faisait une douce litière.

C'était le temps où mon travail se faisait le plus dur. Je devais emplir mon fenil et ne pas délaisser le jardin où le travail se faisait urgent. J'employais donc tous mes gens, même le petit François qui, à cinq ans, se rendait utile en nous apportant, dans les champs, la collation dans un grand cabas de paille tressée. Faraud lui-même, sentant que chacun devait, à cette époque, fournir plus de travail dans la maison, se chargeait, à lui seul, de garder les bêtes et de les rentrer à l'heure voulue.

Seul, le chat profitait de sa liberté et ronronnait, fourbe, pour recevoir de ma main des restes dont il faisait fi, après les avoir retournés sur le sol du bout de la patte, en pinçant les lèvres. Cette façon d'agir me révoltait. Il m'arriva de ne plus pouvoir supporter la vue de cet animal ingrat ; je ne lui reprochais pas de ne pas nous seconder dans nos travaux ou de se faire nourrir sans travailler, mais ce qui m'obsédait, c'était cette ingratitude ronronnante, cette mimique dédaigneuse pour refuser le peu que je lui donnais, alors que, au cours de nos absences, il visitait les garde-manger et les armoires et volait les réserves de lard, léchant proprement les plats de son odieuse petite langue.

Une fois que j'étais venu, au cours de la journée, dans la pièce obscure chercher mon couteau, je le vis sortir furtivement du bahut, qui nous servait aussi de coffre-fort, tenant entre ses dents un morceau doré de rôti. Oh, race damnée de fourbes et de voleurs ! Je le poursuivis. Il s'élança pour passer la porte que je fermais pour l'empêcher de sortir, mais il calcula mal son élan et se trouva serré par le milieu du corps entre le battant et le chambranle.

Un cri rauque retentit, un cri affreux de chat qu'on égorge, un cri qui excita une cruauté instinctive de paysan ; je ne relâchai pas mon étreinte, au contraire j'appuyai. Le spectacle du chat se tortillant dans l'étau qui le broyait était affreux ; de ses griffes écartées, la bête s'accrochait au sol, il râlait, les yeux révulsés. J'appuyai encore plus fort, il fut bientôt écrasé, étouffé, raidi par la mort. J'ouvris la porte. Son corps retomba inerte sur le sol.

J'étais honteux de mon geste brutal, mais satisfait d'avoir supprimé cet animal détestable. Je dis, à haute voix : « Voilà pour toi ! »

À ce moment précis, un pas gravit le perron. Je me retournai : un homme était debout sur le seuil.

Ce nouveau venu était inconnu dans la région ; il portait un complet de citadin, en draperie fantaisie, il tenait sa casquette à la main et, ainsi, il avait bonne allure, mais on sentait que, depuis longtemps, cet homme marchait sur les routes, ses vêtements étaient froissés, tachés, poussiéreux. Il me dit poliment, d'une voix douce : « Bonjour, patron. »

La mort du chat m'avait tellement secoué la gorge que je ne pus lui répondre autre chose que : « Bonjour, compagnon. »

Le cadavre du chat gisait entre nous, mais il n'avait pas l'air de le voir. Il me dit : « Voilà ! Je suis diplômé, monsieur, mais je ne puis pas trouver de travail. Je viens du Nord, en passant par la capitale. J'ai fait six cents kilomètres et plus. Partout, il y a des chômeurs et pas de place pour moi... Je suis venu dans vos pays, j'ai quitté les routes pour m'enfoncer dans le cœur de la région et me voilà. J'accepterai de faire n'importe quoi. »

J'ai dit que j'avais besoin de bras pendant ce mois de fauchaison, aussi, comme il m'était impossible de trouver de la main-d'œuvre au village ou dans la région, je pensai que ce jeune homme m'était envoyé par le ciel pour les travaux.

Je lui dis : « Compagnon, je ne suis pas riche et je te paierai petitement mais tu seras ici au foyer d'un honnête homme, un foyer plein de beaux enfants et de vieillards expérimentés qui te feront comme une famille. »

Cela eut l'air de lui plaire. Il répondit : « Je ne viens pas là pour faire fortune ! J'ai perdu depuis longtemps toutes mes illusions à ce sujet ; l'important, pour moi, maintenant, c'est de manger à ma faim, d'être à l'abri des intempéries et de trouver des amis, et cela en travaillant, car mendier me fait horreur. Si je peux réussir ici, je verrais peut-être si je peux épouser une fille du pays et m'établir, mais beaucoup plus tard ! » Cela était dit fort poliment.

J'appelai le grand-père et la femme pour leur demander conseil ; mon futur commis leur parla correctement, il était calme et pas fanfaron, et il leur plut.

J'avais dissimulé le chat mort sous le bahut.

J'emmenai le domestique dans la pièce où le chat passait la nuit et je lui dis : « Nous n'avons pas grand-place, mais nous monterons un lit ici et tu seras bien ! »

Il avait l'air satisfait : le soleil du soir entrait à flots, dorant la pièce et la rendant intime à souhait. Il devait être heureux d'avoir trouvé un abri si confortable, car il se frottait les mains en murmurant : « Ça me va. Ça me va ! »

Il allait et venait dans l'atelier, s'arrêtant devant la fenêtre pour admirer le panorama merveilleux de la vallée déserte et sauvage, où montait la fraîcheur du soir. « Vous êtes bien installés ici ! » dit-il.

J'étais agréablement surpris d'une telle remarque. D'habitude, les tâcherons, les journaliers ne font pas attention à ces choses, mais ce qui me déplaisait, malgré tout, en lui, c'était son air flatteur... un air de chat.

Oui, voilà le mot exact : il ressemblait à ce chat que je venais d'étouffer méchamment.

Par une association d'idées assez ironique, je le priai de prendre le cadavre de l'animal et d'aller l'enfouir dans le bois, afin que les enfants ne le vissent pas raidi et enlaidi par la mort, mais je lui dis, à voix basse : « Tu n'as rien vu ; si quelqu'un de la maison te questionne, tu diras que le chat s'est enfui. »

Il hocha la tête, souriant, et il partit donc, traînant par la peau du cou le félin mort, et ce spectacle me donna un frisson inexplicable.

À partir de ce jour, il travailla chaque jour à mes côtés. Il n'était ni travailleur, ni courageux, mais il était intelligent, adroit et docile, et je ne cessai pas de constater à quel point il ressemblait à mon chat. Ses joues étaient larges et plates, étalées de chaque côté d'une bouche aux lèvres pincées, son nez, bien ouvert, semblait fendu, comme celui d'un matou, et surtout ses yeux, fuyants et glauques, étaient cachés par des sourcils groupés en touffes épaisses.

Cette ressemblance m'amusait et me troublait et, chaque fois que je le regardais, je ne pouvais m'empêcher d'évoquer ce chat que j'avais immolé, ce chat raidi par la mort cruelle que je lui avais infligée et qui se dressait devant moi, avec des griffes longues comme des doigts. Et c'est ainsi que je compris que j'avais commis une odieuse brutalité, une brutalité inutile.

Lorsque je ne pensais pas à cela, lorsque, heureux, l'esprit tranquille, je longeais le bois pour surveiller les entrées des renards, brusquement mon commis surgissait devant moi, occupé, lui aussi, à repérer des places à collets.

D'autres fois, j'allais simplement errer dans le bois, pour voir où en étaient les mûres, les noisettes, les cornouilles. Au plus profond de la forêt, je le trouvais encore devant moi, accroupi comme un herboriste, une botte de « bois la ratte [1] » près de lui, couchée sur la terre ; il se retournait et, avec un sourire félin, comme s'il m'eût attendu, il me disait : « Tiens, vous voilà, patron... Voyez, je vais vous fabriquer des balais. »

Je pensais alors qu'il était bien vu, à la maison, parce

1. Petit arbuste à branches fines qui pousse en Bourgogne sur les terrains calcaires, dont on fait les balais.

qu'il savait tresser les paniers, faire les balais, amuser adroitement les enfants. Mais ils ne voyaient donc pas que cet homme était un chat, hypocrite, opportuniste, fourbe, et même plus exactement « mon chat », celui que j'avais tué. Ah ! je n'étais pas loin de connaître le péché grossier de croire à une métempsycose à rebours : l'âme d'un chat dans le corps d'un homme.

À la messe, au village, lorsque je me retournais, je voyais sa face velue, dans la demi-obscurité de la tribune où les commis assistent à l'office. Et chez moi, à table, au travail, je subissais sa présence cauteleuse. Ô mon petit crime ! Mon crime qui était un secret entre lui et moi... De fait banal, il devenait un pénible souvenir, un insupportable souvenir qui n'avait pas de semblable dans ma vie de paysan.

Et lorsque ma femme disait : « C'est égal, le chat n'est pas encore revenu... Il se sera fait occire quelque part », le grand-père ajoutait : « Il est retourné aux chats sauvages... Ça s'est vu ! »

Je brûlais d'envie de leur dire : Mais regardez-le donc, devant vous, occupé à manger goulûment sa soupe qu'il n'a pas gagnée !

Mais, comme je le regardais, il se mettait à sourire discrètement, avec un air de complicité que je prenais pour de l'ironie diabolique, et je me taisais, accablé ; en moi grondait une voix : Quelle honte ! Avoir tué un chat ! Et de quel droit ?

La fauchaison fut bientôt finie ; mon foin, bien sec, embaumait dans les fenils. Il me restait à extraire mon miel, mais ensuite, je le prévoyais déjà avec joie, je devrais me séparer de mon commis-chat, car je ne fais pas de moisson ni de vendange, n'ayant ni blé ni vigne ; en un mot, le travail se termine pour moi avec le mois d'août. Pour gagner la Saint-Martin, il ne me reste, comme gros ouvrage, qu'à rentrer les fruits ; c'est pourquoi je pensais me priver des services de mon nouveau commis, mais, comme s'il avait deviné mes intentions, il amena la conversation un jour sur ce sujet et me dit :

« Patron, je comprends bien que, les pommes de terre étant piochées, le miel coulé, le foin rentré, il ne vous reste plus qu'à me remercier, c'est normal... L'importance de votre exploitation ne vous permet pas de nourrir un commis à ne rien faire.

– Bien entendu, lui dis-je. Je suis heureux que tu l'aies deviné, j'aurais eu de la peine de te l'apprendre brutalement. Je dois te dire que jamais je n'ai pris de domestique. Je t'ai embauché parce que je sentais que tu étais dans le besoin... Mais je te donnerai un bon papier pour que tu trouves aisément d'autres places, dans la région, chez de plus riches que moi. »

C'est avec soulagement que je l'entendis me dire : « Je comprends cela... aussi je voudrais que vous me disiez à quelle date vous pensez me libérer. Je voudrais savoir ça afin de prendre mes dispositions.

– Oui, bien sûr, lui répondis-je, j'envisageais la date du 1er août.

– Parfait, dit-il, cela m'arrange. »

Et jamais plus il ne me parla de son départ ; il m'était plus insupportable que jamais.

Le jour de la Saint-Germain, le 31 juillet exactement, nous étions tous occupés aux betteraves, les enfants jouaient au fond de la combe, près du ruisseau ; seuls, les bâtiments, entourés de leurs vergers, semblaient sommeiller. Le domestique s'était éloigné momentanément. Subitement, je m'aperçus que mon couteau me manquait. Cette coïncidence aurait dû me mettre en éveil.

Je traversai le champ, longeai le verger et, lentement, je m'approchai de la maison. Il me sembla entendre un léger bruit, aussi je quittai mes sabots. Lorsque je fus arrivé devant la porte, je vis le domestique qui, ayant ouvert le bahut où nous placions notre argent, s'était retourné et, les doigts crispés sur quelques billets qu'il essayait de dissimuler, se mettait lentement sur la défensive. Tout était là pour évoquer le soir où j'avais étouffé le chat.

« Tu mériterais que je te réserve le même sort qu'à l'Autre », criai-je, hors de moi, effrayé et paralysé.

Il ricana, laissa tomber un des billets, s'élança et, sans que j'aie eu le temps de faire un geste, sauta par la porte. Lorsqu'il fut hors d'atteinte, il se retourna et me demanda humblement de ne pas porter plainte contre lui. « Je suis une victime de la société ! » disait-il.

C'était un moins-que-rien, un de ces voyous qui nous viennent de la ville, un échappé d'usine, mais, troublé, je résolus de le laisser courir et jamais je n'alertai la police ; mais il avait juré de me faire expier jusqu'au bout ma cruauté à l'égard du chat.

Le jour du 15 août, qui est l'occasion de grandes fêtes religieuses dans les villages, il faisait une belle chaleur et nous étions tous allés à la messe. J'avais le cœur joyeux car il y avait eu une belle procession. Au retour, en suivant le chemin qui conduit à la maison, nous chantions les cantiques que nous avions entendus le matin et, dans le fond de la vallée, on entendait des groupes, semblables au nôtre, qui chantaient comme nous. Cela faisait une belle musique avec le ronflement des insectes qui se levaient, dans le bois, par milliers.

Nous traversions la friche d'où l'on découvre, sur le versant opposé, mes petites propriétés et, de là, j'eus l'impression qu'une fumée âcre s'élevait au-dessus de la forêt, du côté de mes bâtiments. Je me mis à courir. Plus loin, je vis, à travers le taillis, une colonne de fumée qui montait de la grange. J'ai ressenti, à ce moment, une véritable douleur dans ma chair : ma maison, ma chère maison brûlait.

J'arrivai, essoufflé, tout près du foyer. Le feu s'était déclaré dans la grange et, seule, celle-ci était menacée, mais ce qui me frappa, ce fut un miaulement long, lugubre, qui dominait le bruit du petit brasier. Je pris une fourche et je pénétrai dans le bâtiment : il était plein de fumée et le miaulement retentissait, effrayant, sinistre, interminable.

Bientôt, le grand-père arriva, suivi de toute la famille, et chacun se mit à l'œuvre, écrasé de peur, rendu hagard par ce miaulement insupportable. Lorsque le foin en feu fut sorti du fenil et copieusement arrosé, le danger fut écarté, mais le miaulement retentissait toujours, me poursuivant comme un remords.

Je regardais de tous côtés pour découvrir, cachée à demi par les broussailles, la figure du fourbe qui, vraisemblablement, était revenu pour incendier mes granges. Je regardais surtout du côté où mon commis était allé enfouir le chat : il me semblait que le miaulement sinistre venait de là. Je me débattais dans la fumée jaune qui s'exhalait du foin mouillé. À pleins bras, me brûlant les ongles, je sortais le fourrage pour le jeter dehors et là, le grand-père le poussait dans l'abreuvoir où il faisait *chchch!* en tombant dans l'eau. Et le miaulement retentissait toujours, si puissant qu'il me semblait qu'on dût l'entendre jusqu'à Bligny.

Ma femme, qui me passait les seaux d'eau, me dit, dans un moment d'accalmie :

« Tu entends !... depuis le début... ces cris, c'est la voix de notre chat !

– Tais-toi, hurlai-je, passe les seaux et ne t'occupe pas de ça ! »

Elle me regarda, avant de reprendre son travail, j'étais en sueur, hagard ; depuis, elle m'a avoué ne m'avoir jamais vu ainsi. Mais c'était ce cri qui me rendait fou. Je pensais au chat, au voleur, leurs noms comme leurs visages se mélangeaient dans mon esprit. J'éventrais, à la fourche, les tas de foin intact. Je poursuivais non plus le feu, mais ce cri qui me troublait, j'entrai dans les remises, je parcourus l'écurie où les chevaux, affolés par la fumée, commençaient à hennir ; partout on entendait ce miaulement.

Alors, très tard dans la soirée, après avoir cherché dans tous les coins, nous découvrîmes, dans le foin que nous avions étalé pour l'arroser, une nichée de cinq petits chats, mouillés, étouffés à demi par la fumée et qui se traînaient, gluants comme des limaces, semblant vouloir lécher nos souliers, comme s'ils nous étaient déjà reconnaissants.

Depuis ce jour-là, j'ai cinq chats qui ne prennent pas les souris et qui ronronnent à longueur de journée, étendus sur l'aire tiède de la grange où ils avaient failli périr.

Le pauvre petit visage du péché

« Oui, c'est comme une fille du diable ! On n'y croirait pas, mais il faut la voir, elle empoigne de la paille à pleines mains, elle la tient comme ça, en l'air, et la paille flambe ! Elle met le feu à tout ce qu'elle touche ! »

On la vit arriver : elle venait des prés du bas.

Une chevelure blonde, à reflets de paille, ramassée en couette sur un petit crâne pointu, deux épaules étroites et de grandes jambes gainées de laine noire. Pas d'âge. Ce crépitement qui l'accompagnait, c'était le bruit sec de ses sabots sur le sol froid.

Les trois femmes qui bavardaient fermèrent la porte en la voyant. La fillette s'approcha plus près pour ramasser un joli caillou ; on vit donc ses yeux, des yeux de feu, enfoncés dans cette petite face, cette figure d'elfe malade, de farfadet pâlot. Elle portait, dans son regard, la luxure, et son corps menu avait des allures de mauvaises femmes. Par l'entrebâillement de la porte, les trois matrones la regardaient, trois bavardes que la petite n'aimait pas. Elle les vit, alors elle ramassa son joli caillou, puis elle leur tira la langue, une grande et large langue, fendue comme un pain de deux livres et capable de ramasser d'un seul coup toute la confiture d'une tartine.

Dans la journée, on la voyait garder ses vaches. Cette petite se traînait dans les haies ; ses fesses étaient nues, étroites et plates comme un arrière-train de chienne. Sur ses cuisses, ses bas à côtes étaient roulés et retenus par un bel élastique rouge.

Aux heures de classe, elle grimpait aux arbres et contrefaisait les cris de tous les animaux ou bien elle faisait du feu, toujours du feu. Partout où elle était, on voyait s'élever une petite fumée.

Les bûcherons qui l'observaient disaient qu'elle s'accroupissait devant son petit foyer et qu'elle passait, en souriant, ses mains dans les flammes pour jouer ; elle les prenait, les tordait, les nouait à sa guise, comme elle eût fait avec des écheveaux de soie ; certains disaient même qu'elle en avait porté à sa bouche, elle avait mangé de la flamme comme ce jongleur que l'on voyait à Dijon, sur la place du 30-Octobre pour la Saint-Martin, ou à Saulieu pour la Saint-Andoche, ou à Autun pour la Saint-Ladre.

Lorsqu'elle trouvait des commis assemblés dans la grange, elle leur apprenait des mots grossiers qu'ils n'oubliaient pas de sitôt et leur donnait des mauvaises idées, ou bien, comme un levain dans la belle pâte inerte, elle faisait bouillonner les âmes des autres enfants. On s'étonnait de son audace et de son pouvoir, on fermait les portes à son approche, mais cela n'empêchait pas la vaisselle de danser dans les buffets et de s'entrechoquer lorsqu'elle passait sur la route, et si l'on ouvrait alors les bahuts, on trouvait des assiettes brisées : elle possédait en elle le principe du mal.

Triste cadeau que l'État avait fait à cette commune morvandelle lorsque, par un beau jour de mai, l'Assistance publique avait envoyé là cette fillette à nourrir ! Depuis toujours, les paysans de la contrée avaient élevé ainsi des enfants des autres, et saura-t-on jamais quels avantages en avaient retirés les petits abandonnés. Enfants du vice pour la plupart, ils étaient venus là avant de savoir ouvrir les yeux et ne connaissaient que ces horizons purs. Un lait fort de femme saine les avait nourris. Enfants de la misère, ils prospéraient parmi les enfants riches de nos bonnes contrées, une atmosphère d'opulente joie les baignait, et tout cela était le gage d'une vie heureuse, car les populations, calmes, sereines, joviales, les assimilaient avec un sens touchant de la charité, et on n'avait pas d'exemple qu'un de ces enfants ait mal tourné.

Mais on n'avait jamais vu une enfant pareille à celle-là. Elle n'était pas laide, elle était même pleine d'attraits, comme le vice, mais on se sentait troublé, près d'elle qui n'avait pas l'air de s'en soucier. Un vieux du village l'avait surnommée « Reine de Saba », car il avait lu quelque part ces mots que l'on place sur les lèvres de cette fastueuse reine : « Si tu mets la main sur mon épaule, le feu se répandra dans tes veines. » Il semblait, en effet, que son contact brûlait.

Elle passa, suivant ses bêtes, et, derrière elle, les portes s'ouvrirent : on regarda cette petite bonne femme qui se dirigeait tout droit vers l'embrasement du soleil couchant. À ses trousses, les enfants sortirent en troupe, en criant ces mots stupides qui rimaient par hasard : « Saba, Saba, ta vache a mis bas ! » Cela se chantait sur trois notes monotones, en une rengaine agaçante et naïve, et les coteaux s'en renvoyaient les échos. Elle, ainsi poursuivie et rouge du plaisir que lui causait son scandale, arriva près de la maison ; la barrière s'ouvrit et les vaches laissèrent, par habitude, tomber deux grosses bouses qui s'étalèrent en flans liquides.

La patronne parlait avec le curé. Comme la petite entrait dans la cour, le cher homme éternua discrètement derrière sa grosse main blanche ; la fillette cria : « Que le bon Dieu vous bénisse et vous fasse le nez comme j'ai la cuisse ! » La patronne aurait voulu la gifler, mais elle s'en retint ; elle avait un peu peur de ce petit être.

« Viens ici », dit le curé à cette extraordinaire enfant qui fut bientôt près d'eux, la couette en l'air. « Je ne t'ai pas encore vue au catéchisme depuis la rentrée, lui dit le prêtre.

– Je n'ai pas besoin de votre catéchisme. Il y a belle lurette que je suis allée au catéchisme, puis à l'école, et partout... Je sais tout. »

Le curé se dit : C'est bien ce que je pensais, elle est vieille comme le monde ; avant sa naissance, elle avait déjà tous les vices dans son esprit. Et il lui vint aux lèvres la prière des exorcismes.

La patronne, qui n'était pas tendre, la gifla mollement ; sa lourde main rencontra une joue brûlante ; mais le curé intervint d'une voix douce : « Ne la brutalisez pas. » Puis, s'adressant à l'enfant : « Cependant, il faut apprendre la religion !

– La religion, dit la petite, ça berce et ça endort.

– Grand Dieu ! s'écria la patronne, où a-t-elle entendu ça ! Jamais, pour sûr, monsieur le curé, nous ne prononçons des mots comme ça, nous si croyants !... Ces idées, où a-t-elle pu les prendre ? »

L'abbé se tourna vers l'enfant : « Il ne faut pas dire ça ! » Puis il se tut ; il avait l'air de prier.

La patronne larmoyait : « On n'en fera rien, de cette fille-là ! Pour sûr, elle finira comme sa mère, à la ville, dans les mauvais lieux.

– Taisez-vous », dit le curé. Puis il se tourna vers la petite : « Maintenant, autre chose : tu as de nouveau mis le feu à une meule de paille, près de La Borde. Les gendarmes vont venir te prendre ! »

L'enfant riait.

Le prêtre reprit : « Mais enfin ! Perdras-tu bientôt cette habitude de jouer avec le feu ! »

Le regard de la fillette s'alluma ; sa taille sembla grandie ; elle répondit : « Je voudrais mettre le feu partout, tout brûler !

– Pourquoi ? dit le curé qui était très grave.

– Parce que j'aime voir les morceaux de bois se tordre dans le feu en poussant des cris comme s'ils souffraient, parce que je voudrais détruire tout ce qui est beau, dévorer tout ce qui vit, ce qui sent bon...

– Mais où prends-tu toutes ces idées ?

– Je ne sais pas, c'est de race peut-être. »

Oui, c'est ça, c'est de race, pensa l'abbé. Il s'essuya le front : des larmes de sueur roulaient sur ses tempes.

L'enfant monstrueuse continuait : « Si un jour je pouvais mettre le feu à tout le village à la fois, je serais heureuse. Une fois j'ai vu une maison flamber, ça m'a fait plaisir. »

Elle minaudait en disant cela. L'abbé passait encore sa main sur son front, il pensait que Satan ne devait pas parler autrement. Il voyait en cette enfant tarée un exemple de la dépravation qui, dit-on, règne à la ville lointaine. Pour lui qui depuis longtemps avait quitté le séminaire du chef-lieu, la ville était, par-delà les monts boisés, derrière les grandes friches, un antre noir où la nuit se piquait de halos jaunes et où des femmes, misérablement fardées, allaient et venaient sur les trottoirs.

On entendit une voiture arriver sur la route : c'était le cousin qui rentrait du canton. On le vit, épais et lourd comme un ours, sauter de son siège, jeter les rênes sur le dos de la jument. Il salua le curé de la main et s'approcha du groupe.

« J'étais venu pour la petite, dit le prêtre.

– Ah ! répondit le fermier, je suis lassé par toutes ces histoires ; c'est une fille du diable. Vous devriez la renvoyer à l'Assistance, elle vous attire des désagréments ; c'est une chienne ! »

Ils entrèrent dans la grande salle où brillaient les bancs, de chaque côté de la table, et l'enfant resta dans la cour. On entendait la chanson monotone des petits qui s'en allaient : « Saba, Saba... Saba ! »

Oh ! comme il souffrait, ce petit être pétri de péché ! Comme elle ravalait des larmes retenues, cette « Reine de Saba », toute menue, toute seule !

Il fallait la voir, perchée sur la barrière du Grand Pré. Ses camarades étaient groupés près d'elle. D'une voix laide, déjà brisée, elle enseignait.

Elle enseignait le vice.

Avec éloquence, avec patience, elle leur disait ces mots qui étonnent les enfants, elle leur remâchait cette leçon, elle s'amusait à détruire leurs chères illusions, depuis les sabots de Noël jusqu'au petit frère qu'on trouve dans les choux, et beaucoup d'autres choses encore, plus imprécises, plus troublantes. Sa voix, de loin, ressemblait à celle des grives draines, qui agacent le tympan lorsqu'elles vont de peuplier en peuplier.

Les petits frissonnaient de cette frayeur qui suit les odieuses révélations. Ils voyaient, devant eux, comme un grand trou noir qui se creusait et vers lequel ils se sentaient attirés par un vertige ; ils entendaient leur sang frapper de grands coups aux tempes ; leur bouche était sèche comme celle des moutons ; le creux de leurs mains était en moiteur. Ce soir, en rentrant, ils auraient envie de pleurer, leur maman même leur paraîtrait toute noire. Ils ne donneraient plus leur confiance à personne et leurs baisers seraient déjà des baisers de traîtres. Sur leurs figures aux traits mous, une petite ride se creuserait, une petite grimace qui se graverait de chaque côté de la bouche, un rictus, profond comme une plaie et indélébile.

Cette Reine de Saba était comme au fond d'un gouffre où elle voulait les entraîner tous. Eux, les bêtes, lui tendaient tout simplement les bras !

Et l'Écrivain passa par là.

De loin, il entendit la voix de la petite. Caché derrière les haies, il arriva près du groupe ; sans réfléchir, lorsqu'il eut saisit le sens des paroles, il surgit de sa cachette. Les enfants demeurèrent bouche bée, honteux d'être surpris en cette compagnie. L'Écrivain prit la fillette par les cheveux et la précipita en bas de son perchoir, puis il la gifla ; cela fit le bruit d'une poire molle qui éclate sur un mur, car l'Écrivain était fort et avait des mains de morvandiau dures comme des battoirs.

Comme elle ne pleurait pas, il la gifla encore puis la rudoya ; elle se défendait, tendue comme une vipère d'un an, mais elle ne pleurait pas : « Vous pouvez taper ! Je n'ai peur de rien ! » disait-elle.

L'Écrivain n'y voyait plus rien, on aurait dit qu'il était aveuglé par une poignée de bouffe [1] qu'un drôle lui aurait jetée aux yeux ; il l'avait battue jusqu'au dernier souffle. Si

1. Enveloppe du grain de blé.

seulement la petite avait laissé échapper une seule larme, il l'aurait laissée aller, certainement, mais elle disait : « J'ai peur de rien, tu peux taper, grande brute ! »

Tous les autres enfants étaient encore là, les yeux écarquillés comme un troupeau de moutons qui regarde son berger en train d'écorcher un blaireau. Ils s'approchaient un à un. À chaque coup, on voyait leur figure s'illuminer d'un sourire, comme s'ils avaient senti qu'on lui rendait, pour eux, un peu du mal qu'elle leur avait fait.

Un tout petit, caché derrière les autres, hurla : « Pour elle ! »

Une clameur répondit, mais la voix de la reine de Saba domina le tumulte :

« Attention, j'ai du feu dans les veines !

– Tape bien, l'Écrivain ; c'est une mauvaise fille, dit un grand.

– Je n'ai peur de rien, vous pouvez hurler, tous ! »

L'Écrivain était comme fou ; il était vexé de ne pas voir une seule larme dans ces pauvres yeux battus, pleins de luxure. Et les petits, tout autour, l'encourageaient.

« Encore ! Encore ! Tape, l'Écrivain, c'est une garce !

– Aïe ! Eh ! Aïe donc ! Attrape, la garce !

– Avec ton pied, l'Écrivain ! Avec ton pied ! »

Elle, en griffant, trouvait encore le temps de les injurier en ravalant des larmes qui avaient le goût salé et chaud du sang.

« J'ai du feu dans les veines ! Attention... Je n'ai peur de rien, je n'ai jamais eu peur de rien ! »

Elle ne pleurait toujours pas.

À un moment, elle réussit à s'échapper, mais le cercle des petits était tellement serré qu'elle fut retenue par toutes ces mains et frappée par tous ces sabots ferrés. Ainsi, l'Écrivain put la rattraper ; outrepassant ses droits, il se figurait qu'il n'y avait qu'à frapper pour corriger et qu'à meurtrir pour punir. Sa grosse main se levait très haut, pardessus son chapeau rond, elle se découpait dans le ciel, épaisse, rouge dedans, noire dessus, elle tremblait un peu car tout le sang de l'homme bouillonnait dans ses veines trop grosses, puis elle retombait pour remonter encore et retomber de nouveau, sans savoir où, sans mesurer ses coups, et l'Écrivain y gagnait de l'énervement. Il la coinçait entre ses deux genoux, à la hauteur de l'estomac, il la serrait fort pour qu'elle ne se faufilât pas ; elle, la bouche ouverte, la langue tendue, cherchait à reprendre son souffle, entre les deux grandes jambes de l'Écrivain ; cela dura des minutes et des minutes ; elle était emprisonnée si fort dans cet étau, vers la fin, que ses yeux étaient exorbités, comme ceux d'un crapaud qu'on écrase ; il lui sembla que tout le paysage tournait autour du mont Roger dont la pointe était en bas ; la vallée lui parut toute noire, comme sur une photographie manquée ; les maisons, les arbres mélangés s'élevèrent dans le ciel, alors elle eut peur, car elle sentait quelque chose qui lui remontait dans le gosier, elle crut que c'étaient ses boyaux et qu'elle allait les cracher, et elle se mit à pleurer.

Des larmes roulèrent sur ses joues, mais elle ne gémissait ni ne sanglotait : elle laissait couler ses larmes, c'est tout, et l'Écrivain cessa de frapper :

« J'espère que ça te servira de leçon », conclut-il, essoufflé.

Elle murmura : « C'est pas chrétien !... » Puis : « J'ai peur de rien, j'ai du feu dans les veines ! » Elle disait cela par orgueil.

L'Écrivain s'éloigna en disant : « Partez, vous autres, ne restez pas là, n'allez jamais avec elle, c'est la fille du diable ! »

Ils le suivirent donc un instant, silencieux comme lui. Arrivés près des premières maisons, ils le quittèrent et lentement, en cachette, ils retournèrent vers la Reine de Saba. Cédant à un sentiment bizarre de curiosité, ils revinrent à la barrière et ne la virent pas ; elle était tombée dans les broussailles, près de la haie, là où, chaque année, une hase vient faire ses petits, au mois de juillet.

La tête enfouie dans les mains, le dos rond, les épaules saillantes, elle semblait sangloter. Les petits la cherchèrent en chantant : « Saba ! Saba ! »

Elle les avait entendus, dès qu'ils avaient pris les raccourcis ; aussi s'était-elle efforcée de disparaître dans les étoules ; puis elle avait séché ses larmes, ses vraies larmes qui avaient coulé abondamment depuis l'instant où elle s'était sentie seule. Elle s'était alors étendue dans une grosse touffe où elle avait disparu, gravant sa forme mince, puis elle avait tâté son ventre, son nombril, sa poitrine, par-dessous ses jupes, pour voir si elle n'était pas éventrée, tant l'Écrivain l'avait serrée fort entre ses deux jambes.

Les autres la cherchèrent longuement.

« Oh ! la voilà, couchée dans l'herbe, comme un veau qui vient d'être fait ! » dit un petit en la découvrant. Ils s'approchèrent et ils furent frappés de son immobilité. « Elle est morte ! » dit une voix. Il y eut un silence terrible. Ils avaient peur. On entendit un chien aboyer, puis des pigeons fuyards passèrent, rasant les haies avec un bruit de satin froissé. Elle aurait voulu conserver cette immobilité qui leur en imposait, mais elle ne put.

« Elle n'est pas morte, dit une autre voix, regardez, ses épaules remuent !

– Elle pleure ! » prononça enfin une fille.

La Reine de Saba ne put supporter que toute la bande pût croire à cela, alors elle se retourna et lança : « Je pleure ? Non mais, tu m'as bien regardée ? »

Elle avait un accent traînant qu'on n'avait jamais entendu dans la région, un accent faubourien qui lui était venu, sans qu'elle l'eût jamais appris, on aurait dit qu'elle l'avait dans le sang. Elle leur montrait son visage absolument sec, où des larmes avaient dessiné des petites rigoles plus roses, cernées de crasse :

« Tu sais bien que je n'ai peur de rien, tu entends, de rien ! » dit-elle.

L'un d'eux enleva son sabot et le lui lança à la figure ; ce fut le signal d'une ruée, un nouvel assaut livré à cette pauvre fille qui leur tint tête un instant : « Je n'ai peur de rien ! »

Les plus grands luttèrent avec elle ; l'arrière-garde, composée des petits et des filles en jupons multicolores, assistait à la bataille ; puis des petites mains crispées ramassèrent des cailloux, on vit voler de la terre, des morceaux de bois. Lorsqu'ils la virent de nouveau immobile, il y eut une galopade effrénée et, sur l'herbe piétinée, il ne resta plus que la Reine de Saba, effondrée, brisée, trahie deux fois par ceux qui, tout à l'heure, buvaient ses paroles, et ses sanglots ressemblaient à des vagissements de tout petit enfant.

De ce coin des Grands Prés, on domine la cuvette où se tasse le village et on découvre la région. La route, entre deux levées de terre, passe tout près, bien blanche comme les vieilles routes. Elle descend de la montagne en faisant de beaux virages bordés de frênes rabougris ; plus haut, elle sort du bois de sapins, sans crier gare, après avoir flâné à humer le parfum des morilles, là-haut ; c'est par là qu'on vient de la vallée de l'Ouche en escaladant bravement la crête et c'est aussi par là que, soulevant un bouchon de poussière, le troupeau de moutons descend chaque soir de la friche.

La petite Reine de Saba entendit venir au loin ce troupeau, dont le piétinement faisait penser à une grêlée ; elle sentit l'odeur chaude de suint qui passa lentement au-dessus d'elle, elle se remplit les poumons de cet air tiède et musqué que le vent arrachait aux bêtes et elle l'avala avec joie ; cette présence animale, signalée par le parfum de la sueur, la réconfortait.

Assez loin derrière vint le berger qui tournait de l'écorce de marsaule [1] pour en faire une trompe. Elle entendit son pas lent et son sifflet, puis ce bruit décrût à son tour et ce fut à nouveau le silence du crépuscule dont elle eut peur : lapidée, elle semblait ainsi rejetée du village comme un mauvais germe est éliminé par un organisme sain ; elle n'aurait pas fait un pas, elle serait restée là, sur la terre humide, sans se lever pour marcher, sans crier pour appeler, sans boire, sans manger, comme un tout petit chat d'un jour qu'on jette à la fosse, un soir d'averse, et qui reste la bouche empâtée de bave et les membres encore noués.

Dans les dernières lueurs du soleil, sur la route qui paraissait toute rose entre les talus couverts de ronces, lentement, tenant son vélo par le guidon, le curé passa. Il allait de travers, comme un homme ivre, ou bien comme un homme qui sait que la route lui appartient. Il venait des fermes isolées. Volontairement, il prolongeait son retour pour profiter de la splendeur du couchant ; son regard allait de la cime des arbres où sa jeunesse avait fait la terreur des nids, aux revers moussus des friches où son âge mûr poursuivait le champignon. Son pas résonnait comme sur une route durcie par l'hiver, parce que toute la nature était silencieuse et le moindre bruit se percevait. Le prêtre avançait majestueusement, comme s'il eût conduit une procession entre deux haies de fidèles prosternés.

En passant près des Grands Prés, il jeta un coup d'œil par-dessus le talus sur l'étendue inégale et veloutée du

1. Espèce de saule.

pâturage ; près d'une touffe isolée d'herbe sèche et à demi cachée par elle, il vit une petite boule noire, comme un paquet de linge sale qu'on aurait jeté là, mais il reconnut le jupon de la Reine de Saba. Puis il reconnut aussi la petite couette de cheveux couleur de paille et enfin il entendit les sanglots. Il traversa le fossé d'un bond, gravit le talus et, rendu malhabile par sa longue soutane, franchit la clôture ; il fut bientôt près de la petite qui ne bougeait plus mais qui laissait échapper des sanglots très doux ; cela faisait comme le bruit liquide d'une urne fêlée qui se vide.

« Qu'est-ce que tu fais là ?

– Je n'ai peur de rien ! »

Il la prit sous les aisselles et la souleva pour l'obliger à s'asseoir ou à se mettre debout : elle était molle comme une loque, elle se laissa, la bouche et les yeux clos. Il voulut la mettre sur son séant : elle retomba en boule, comme il l'avait trouvée, et ses petits sanglots reprirent. Elle s'enfonça davantage dans la touffe d'herbe sèche.

« Qu'est-ce que tu as ? » dit le curé, moins bas encore qu'il ne l'aurait voulu mais sans parvenir à mettre dans sa voix l'inflexion paternelle qu'il souhaitait. Elle ne répondit pas. Il resta un moment à genoux près d'elle et réfléchit puis, ayant pris une résolution, il allait la soulever dans ses bras pour l'emporter lorsqu'il l'entendit murmurer :

« Maman, maman, j'ai froid ! » Elle était en effet humide de rosée. Puis : « Maman, j'ai peur ! »

Le curé fut réellement attendri : Elle est sauvée, pensa-t-il, puisqu'elle a froid et qu'elle a peur, son orgueil démoniaque est brisé... Ils l'auront encore battue !

Laissant sa bicyclette affalée contre un buisson, il emmena la fillette pelotonnée contre lui, dans ses bras, et, chemin faisant, il pria. Lorsqu'il fut au bout de son oraison, il pensa : Voilà bien la figure du péché, la pauvre petite figure du péché... Le péché, c'est, parmi nous, un enfant de l'Assistance publique, c'est un bâtard. Il a une figure grosse comme le poing, il n'a pas de santé, mais il arrive à tout révolutionner, il brave avec insolence, il intimide, il effraye (quand je pense que mes paroissiens s'imaginent que cette petite-là met le feu à ce qu'elle touche !) et lorsqu'on le croit tout-puissant, prêt à tout incendier, il se heurte à un grain de poussière, trébuche et tombe, pitoyable. Alors là, on s'aperçoit qu'il est minuscule, sans consistance, il disparaît derrière une touffe d'herbe. Lorsqu'on approche, on l'entend qui sanglote et qui dit : « Maman j'ai froid, maman j'ai peur ! » ça fait pitié. Ah ! si les hommes se rendaient compte de sa faiblesse !

Il pensait encore : Dire que cette enfin a mis sens dessus dessous un canton, troublé des ménages, semé la discorde dans le village, perverti tous mes petits et que je la tiens, dans mes bras, sanglotante !

Il arrivait aux premières maisons.

C'est bien le Bon Dieu qui a voulu que je passe, à cette heure, sur la route et que je la ramasse. C'est mon rôle, à moi, de ramasser le péché vaincu, de le porter sur ma poitrine et de l'écouter pleurer.

Il avait les larmes aux yeux, pas de chagrin, bien sûr, mais de joie. La joie toujours nouvelle née de l'accomplissement scrupuleux de son sacerdoce. La fillette était légère, si maigre, si frêle, mais lorsqu'il atteignit la mairie, il sentit une lassitude dans les muscles de ses bras.

« Petite charge pèse de loin », murmura-t-il.

Il avait l'intention d'entrer chez le premier fermier venu. Il appela : « Hé ! la maison ! » Les portes restaient closes et pas même un chien ne se trouvait là pour les accueillir. La seconde porte aussi était close et personne ne répondit. Il alla donc, de porte en porte, dans la nuit naissante, avec son lourd petit fardeau.

J'irai jusqu'au presbytère, pensa-t-il, puis de là jusque chez sa patronne. Mais il avait trop présumé de ses forces, une lame froide lui coupa brusquement les biceps tendus et lorsqu'il eut monté, en sueur, l'escalier du cimetière, il fut tellement las qu'il n'eut que le temps de pousser la porte de l'église et de déposer la petite sur le premier banc ; il la couvrit de sa pèlerine et, selon son habitude, s'agenouilla pour une courte prière.

Sentimental et friand d'images faciles, il souffla, sincèrement ému : Comme c'est bien ainsi, cette halte de l'homme fatigué, ce refuge dont la porte est ouverte et où l'on entre pour poser son fardeau !

Il était satisfait de la tournure que prenaient les choses. Il voulut voir la petite qui n'osait bouger et la regarda comme on regarde une proie ; dans l'obscurité du sanctuaire il ne vit qu'une boule noire, posée sur le banc. Le curé reprit des forces, puis il regarda son église dont les piliers sombraient dans la nuit.

Dans un enclos planté de pommiers, les enfants du village sont rassemblés ; de là, ils voient le long ruban de route qui descend au village que cache un monticule ; une sorte d'ennui les accable, une torpeur faite de rêverie, de lassitude. Les parents, les médecins appellent ça des troubles de la croissance ; nous autres, rêveurs, nous jugeons que c'est autre chose, c'est plus simple et plus complexe à la fois. Ils se promènent lentement, le long des haies, s'assemblent sans parler et s'assoient, las comme des vieillards ; ils crucifient des taupes, gonflent des crapauds, écartèlent des sansonnets et ne se recherchent que pour se battre.

Aujourd'hui, ils boivent l'air froid de novembre. Le ciel

est lourd et tous attendent la neige. Il se peut qu'elle tarde encore quelques jours, mais tout est mollement froid et le vent est bien celui qui l'amène ; les enfants, les yeux au ciel, sentent que par-dessus les forêts noires il leur vient un plaisir nouveau et, se concertant comme les sarcelles à l'approche du chasseur, ils hument avec émoi ce vent chargé d'un parfum spécial. Non, il ne peut plus y avoir d'erreur, ils peuvent vérifier dès maintenant les ferrures des petits traîneaux ; ce soir peut-être, demain en tout cas, la neige sera là, tous ces signes qui s'inscrivent sur la face de la terre ne sauraient les tromper ; demain la neige plongera le revers des monts dans une lumière bleutée qui fait peur ; au soleil, au contraire, des couleurs roses s'étaleront, reflétées par des cristaux tout neufs.

Tout à coup, sur la route, naît un bruit de sabots ; ils se penchent pour voir, par-dessus l'oseraie, ils aperçoivent, là-bas, le petit jupon rouge, la couette couleur de paille, les maigres jambes qui se dandinent.

« Voilà Saba ! » dit l'un.

Ils la regardent venir, une lueur s'allume dans leurs yeux. Elle s'arrête, elle se baisse.

« Quoi qu'elle a trouvé ? »

Elle se redresse, elle est pâle comme une chiffe et maigre, avec ses yeux de lapin russe :

« C'est elle, on va rire ! »

Les petits se mordent les lèvres pour retenir un sourire, elle approche, auréolée par ses cheveux d'albinos. L'un d'eux fait un long signe avec ses bras et crie : « Ohé ! »

Un autre « Ohé » revient, comme une boule renvoyée par un bon boulier, à la fête. Saba, alors, quitte ses sabots, les prend à la main et se met à courir sur ses bas ; à chaque enjambée, on voit le bel élastique rouge qui est une rondelle de chambre à air ; Saba fait des contorsions et les petits rient sous cape ; puis ils s'assoient en rond, à l'abri du vent d'est qui traîne la neige, à une journée derrière lui, et Saba entre au centre du rond, en dansant ; les autres sont hilares, conquis à l'avance par ses grossièretés : « Saba, fais-nous rire ! »

Elle lève la jambe, cela découvre sa cuisse maigre et le bel élastique rouge qui la sangle, puis elle monte sur la barrière ; lorsqu'elle est perchée, elle reprend, pour la plus grande joie de tous, son discours où elle l'avait laissé les jours précédents, lorsque l'Écrivain l'avait battue, elle continue sa classe... Elle dit des saletés et les petits écoutent avec délices celle qu'ils ont tuée à coups de pierres, au coin des Grands Prés, et qui, dans sa faiblesse, dans sa perverse ténacité, est bien la figure du péché.

Lorsque les premiers flocons tombèrent, ils arrivèrent mollement sur une terre refroidie, préparée par des matins et des journées et des nuits de gel, et ils ne fondirent pas ; l'heure était venue et, dans leurs premiers tourbillons, on entendit les cris des gens des fermes ; à partir de ce moment, les genévriers s'emmaillotèrent de blanc et la montagne sombra dans l'hiver.

[*Inachevé*]

La Combe Morte

On peut avoir chassé tous les gibiers, sous tous les climats, durant de longues années, on ne peut s'imaginer ce que sont les chasses du Yaude [1].

Depuis longtemps, je suis son disciple. Au début, il m'entraînait à sa suite, comme pour me former et m'encourager, maintenant j'agis seul, car nous n'aimons la société ni l'un ni l'autre. Si nous avons chassé ensemble, jadis, c'était, je le répète, pour me permettre de me documenter, et je me rends compte maintenant à quel point il m'aimait pour avoir délibérément sacrifié sa solitude si chère et m'avoir emmené si souvent dans ses extravagantes tournées.

D'ailleurs, aussitôt qu'il me jugea suffisamment instruit par lui, il ne me ménagea pas ; d'un ton bourru, il me dit : « Tu ne viendras plus avec moi, c'est notre dernière sortie. Tu as compris, j'espère, qu'il faut être seul, absolument seul pour semblable exercice ! »

Il disait vrai, il faut être seul. Je dois dire aussi qu'il faut être robuste, adroit, avoir un souffle peu commun et beaucoup de vigueur, comme on verra.

1. Yaude : Claude. On dit aussi : Daudis. *(N.d.A.)*

Donc, un jour, j'avais poussé l'imprudence jusqu'à venir attendre une bande de sarcelles qui, chaque soir, quittait l'étang et, s'élevant à peine plus haut que la cime des peupliers, volait au-dessus du chemin communal, au bruit sifflant de leurs ailes courtes, et allait passer la nuit dans les abreuvoirs de la montagne.

Je n'avais pris aucune précaution et, au moment même où j'appuyais sur la détente, j'entendis le pas de deux chevaux sur la route. Je compris, trop tard, que c'étaient les gendarmes du canton qui rentraient de tournée. Je me souviens encore avoir entendu un bruit de course. Je vis les deux hommes qui venaient sur moi. Je me suis mis à courir, j'ai traversé la rigole, la rivière puis les Monceaux ; cela bourdonnait dans mes oreilles ; vingt fois je crus sentir une main me prendre au collet ; cependant, lorsque je m'arrêtai enfin, je ne vis derrière moi que les prés aux hautes herbes humides où j'avais laissé ma trace dans la rosée du soir. Là-haut, ironiquement, brillait la lune, seule dans son ciel comme j'étais seul dans la campagne endormie. Alors, sur le chemin du retour, je me suis mis à penser, d'une façon très précise, qu'il me fallait un fusil silencieux, une arme absolument muette, arme idéale pour le braconnier. Voilà, en somme, l'origine de l'histoire.

J'avais déjà souvent rêvé, en effet, de posséder une de ces armes extraordinaires qui, avec discrétion, transporterait la mort et, sans qu'un écureuil ne tressaillît, viendrait faire une victime dans la bande de sangliers dont on s'approche en rampant.

C'était, à cette époque, la question qui me passionnait, j'y pensais avec l'opiniâtreté d'un écolier qui construit un piège à mouches. J'avais même fait des recherches patientes, des dessins et des expériences et, ce soir-là, j'y pensais plus sérieusement que jamais, lorsque, au détour des coudriers qui bordent les derniers pâturages, du côté des bergeries, je vis surgir le Yaude.

Cet homme me plaisait beaucoup. De son père, il avait hérité trois fusils et un amour immodéré pour la chasse. De sa mère, il tenait une maisonnette, des vergers et une ancienne carrière, maintenant abandonnée. C'était un célibataire taciturne et, depuis longtemps, on le prenait pour un original. J'avais partagé cette opinion, mais j'ai compris, depuis, que c'était un poète fruste, rude et combien savoureux.

Il était pieux comme une nonne et sale comme un blaireau, avec ses longs cheveux qui bouclaient sous les ailes de son large feutre noir, sa moustache dont les mèches venaient lui caresser la lèvre inférieure, ses joues couvertes de poils follets, son cou de tortue maigre dont les rides étaient comblées de crasse. Sa tête émergeait d'un col cassé retenu à la chemise par des boutons à bascule, en cuivre, qui y avaient dessiné de larges cernes vert-de-grisés.

On le rencontrait exclusivement à ces heures indécises où l'orient et l'occident s'illuminent, à l'aube ou au crépuscule. Parfois, la nuit, on entendait son pas égal, sur les pierres du chemin ; il allait vers des destinations mystérieuses.

Ce soir-là, il passa, signalé par le feu rouge et intermittent de sa cigarette et par le parfum de cette graisse rance dont il enduisait ses brodequins. Il me vit et voulut bien m'attendre. « Tu rentres aux Rompées ? dit-il. Je passe avec toi. »

Nous marchions sur le plateau, côte à côte ; la forêt s'approchait, à chacun de nos pas, toute noire, bruissante sous la caresse des rayons de lune, intimidante, et l'on devinait les sous-bois obscurs, frais comme des voûtes humides. Moi, je rêvais à d'imaginaires armes silencieuses et je ne pus m'empêcher de soupirer. « Ah ! si j'avais un fusil silencieux ! »

En toute franchise, je voulais amener la conversation sur ce sujet, brûlant d'actualité pour moi, afin de connaître l'avis de ce hardi chasseur dont toute la famille avait été dans la vénerie.

Il me regarda d'un œil nouveau. Un mince sourire flottait sur ses lèvres et, en touchant mon hammerless, il dit : « C'est gênant ces pièces d'artillerie, hein, pour tirer les sarcelles ! »

Je compris qu'il connaissait déjà ma mésaventure pour m'avoir vu fuir, à travers les prés, poursuivi par deux gendarmes ; il eut toutefois la discrétion de ne pas insister.

« Je donnerais cher, lui dis-je, pour tuer mes bêtes sans me signaler par ces détonations.

– Je comprends ça, dit-il en rêvant, puis il me dévisagea brusquement pour me demander : Dois-je te livrer mon secret ?

Il me regardait dans les yeux, franchement. Moi, j'étais jeune, j'avais vingt-cinq ans d'âge, mais, comme on dit, douze ans de caractère, je n'hésitai pas, spontanément je répondis : « Bien sûr ! »

Il se retourna : « Viens avec moi », dit-il.

Nous fîmes plus rapidement le chemin que nous venions de parcourir, puis nous nous engageâmes dans les ravins au bas desquels, près d'une touffe de mélèzes, se blottissait sa maisonnette, une ancienne bergerie, emboucanée [1] encore et délabrée comme une ruine. Il monta jusqu'à la porte, l'ouvrit au moyen d'une clé fantastique et me poussa dans la pièce.

1. Noircie.

Une odeur de vieux linge sale me prit à la gorge – l'odeur des vieux garçons. Je devinai dans l'ombre un lit défait, une table mise, une serviette souillée jetée sur un escabeau. Des mies sèches s'écrasaient sous les pas.

Il alluma une lampe à huile, une de ces vieilles lampes en cuivre, en forme de soucoupe, et dont la mèche dépassait, grésillante. Contre un mur, un établi s'appuyait, couvert d'outils. Puis, sur une table, encombrée de livres, s'étalaient des dessins, des croquis, roulés à demi. Je vis encore une bibliothèque ouverte où régnait un beau désordre et des reliefs d'un maigre repas, posés sur une planche à dessin qui, dans un coin, sombrait dans l'obscurité.

Le Yaude ne parlait pas, il se dévêtait alertement, en murmurant une complainte :

Messieurs, mesdames, plaise à vous d'écouter
Une complaint' que je vais vous chanter,
De Notre-Dame, qui eut le cœur dolent...

Une complainte que j'avais chantée lorsque, enfant de chœur, j'allais chercher mes roulées [1] à chaque maison, le dimanche de la Passion.

Puis, sa lampe au poing, soulevant une tenture sale, il me poussa dans une fausse pièce, ménagée dans la première, souleva une trappe et descendit lentement ; bientôt je ne vis plus que sa main, calleuse, énorme, crispée sur le rebord sale du plancher, puis elle disparut à son tour. À sa suite, je fus bientôt arrivé dans une cave où tout ce que je

1. Le dimanche de Pâques, dans l'après-midi, lors de la promenade familiale, les enfants faisaient rouler sur la route des œufs durs, cuits et décorés la veille, afin de briser leur coquille. D'où l'expression les « roulées de Pâques ». Par extension, les roulées étaient les menues pièces de monnaie que les paroissiens donnaient à cette occasion aux enfants de chœur.

vis m'étonna. Il m'attendait au bas de l'échelle pour me dire :

« Tu cherches à résoudre le problème de l'arme silencieuse ?

– Oui.

– Alors, regarde ça ! »

Il éleva au bout de son bras sa pauvre fumeuse lumière et, au mur, je vis une indescriptible panoplie d'arquebuses et d'arbalètes. Il souriait, éclairé par son quinquet puant où l'huile, maintenant chaude, exhalait un parfum désagréable.

« J'ai résolu, moi, ce problème, en même temps que j'en résolvais un autre plus compliqué et plus subtil. »

Je caressais, de la main, le fût d'une belle arquebuse, bardée de fer rouillé.

« J'avais bien pensé à cela aussi, lui dis-je.

– Oui, mais tu avais reculé devant les difficultés, les innombrables difficultés... Oui, bien sûr... Cela me rappelle ma propre aventure que je te raconterais volontiers... Mais je vais d'abord te montrer ma collection. »

Il ouvrit des coffres où reposaient des flèches de toutes grosseurs, des carreaux gros comme des burins, des flèches à barbillons, des flèches orientales, des flèches polynésiennes, des viretons du XIVe siècle, ces fers de forme pyramidale dont les arêtes hélicoïdales les faisaient tourner sur eux-mêmes, au cours de leur trajectoire, afin que la blessure fût plus profonde. Puis il me fit voir plusieurs épieux. Au hasard, il prenait ses objets et les admirait.

« Voilà qui fait du joli travail ! » disait-il.

J'étais fort étonné et j'attendais des explications.

« Assieds-toi, tu vas comprendre », me dit-il. Puis, d'une voix voilée de cabotin fatigué, il commença :

« Nous vivons dans un siècle de perversité, la chasse

elle-même est un vice, un vice coûteux ; l'usage du fusil ravale l'homme, comme l'usage de l'automobile. J'ai soigneusement médité tout cela, j'ai épuisé la stupide civilisation moderne en y cherchant vainement un peu de réconfort ; vivant seul, j'avais besoin d'émotions fortes qui m'eussent remplacé celles de l'amour et celles de la famille, il fallait à mon âme un piment qui vînt assaisonner ma fade vie solitaire : j'ai, avant tout, pensé à la chasse, j'ai fourbi le plus beau fusil de mon râtelier et en route !

« Je chassais nuit et jour. Des hases, des chevreuils, des laies, des lapins, des cailles, des chats ! Cela devint monotone. C'était bête : j'épaulais cet odieux fusil, je tirais, l'animal tombait. À peine avais-je besoin de ruser, car mes chiens, plus fanatiques que moi, m'amenaient la bête au bon endroit, après quelques heures de chasse... Maintenant, je mets des jours entiers pour tuer...

« Je fus donc bientôt las de cette tuerie bruyante, de cette monotonie. Alors mon esprit est parti à l'aventure ; pendant des années, j'ai cherché, j'ai tout essayé : le piège, le collet, procédés avilissants mais qui me changeaient de cette fusillade ridicule. J'aurais donné cher pour trouver un autre genre de chasse. Alors, pendant de longues soirées d'hiver, j'ai réfléchi. Je ne sortais plus, les chiens dépérissaient d'ennui.

« Un jour, je descendis ici, pour déblayer un coin de cette cave d'un amas de gravats que les bergers y avaient laissé. Je découvris un morceau vermoulu de poutre dont une face présentait des sculptures. J'aime ces découvertes de vieilles choses à demi brisées qui suggèrent, par leurs imperfections et leur vétusté, une foule de pensées, souvent fécondes. Ce bas-relief devait avoir appartenu à un plafond d'une des maisons patriciennes du village ; il devait reposer, à la façon des anciennes poutres, sur deux culs-de-lampe également sculptés, et il figurait un sanglier, grossièrement représenté, qui semblait bondir, poursuivi par des molosses qui lui mordillaient les jarrets ; puis, à l'autre extrémité de la poutre, on voyait un manant, en costume du XVe siècle, qui, un genou en terre, bandait une arquebuse dans la direction du gibier. Ce fut une révélation ; comment n'y avais-je pas pensé plus tôt ? Voilà, me dis-je, le genre d'exercice qu'il me faut et je laissai là ma pelle et mes sculptures.

« Le lendemain, j'étais à Dijon où je fis l'acquisition, chez un antiquaire de la rue Verrerie, d'une arquebuse en excellent état, accompagnée d'une dizaine de ses flèches ; mais quelle déception lorsque je dus m'en servir. Le gibier déboulait toujours hors de la portée très réduite de ma nouvelle arme. Malgré tout j'avais la volonté de réussir. Aussi, comme un enfant apprend à marcher, je m'habituai à avancer sans bruit dans tous les terrains et ensuite je m'exerçai à l'arquebuse matin et soir. »

Il avait pris, en parlant, un de ses instruments et, négligemment, en faisait grincer la crémaillère, puis il prit une des flèches, en acier, ligaturée, bardée de barbillons cruels et dont il éprouva la pointe avec la paume de son large pouce.

« Tu es un chasseur, reprit-il, aussi tu me comprends, n'est-ce pas ?... Au bout de ces efforts, de ces essais rebutants, ingrats, infructueux, il y avait, je le sentais, l'enchantement d'une chasse passionnante ; je sentais aussi que j'avais l'instinct de cette chasse-là. Il n'y a rien d'extraordinaire à cela car, enjambant quelques générations, il m'arrivait en ligne droite de mes aïeux du XVe siècle, car, en somme on ne chasse au fusil, dans nos régions, que depuis cette époque-là.

« Je voudrais te faire part, en passant, d'une remarque que j'ai faite et que tu feras certainement, si tu marches sur mes traces : il est incroyablement difficile de remonter le courant de la dégénérescence. J'ai senti, et tu sentiras comme moi, combien nous avons, en quelques siècles de civilisation fatale, perdu de nos réflexes les plus purs et de nos instincts les plus précieux ; nous ne savons même plus marcher, ni courir... »

Comme j'allais protester, il insista : « Si, si, tu verras. Tu crois savoir, mais tu t'apercevras bien vite que tu ne sais pas. » Il continua : « J'ai restauré mon arquebuse et, bien arc-bouté sur mes jambes, chaque matin j'envoyais une trentaine de flèches dans le tronc d'un arbre mort. J'avais acquis une belle habileté, mais cela me parut finalement trop simple et, évoluant à rebours, ayant quitté le fusil pour l'arquebuse, l'arquebuse pour l'arbalète, je délaissai l'arbalète pour une autre arme, la plus noble, la plus pure, la plus ancienne, l'arme du vrai chasseur. »

Il s'était tu, il ouvrit un coffre en bois dont l'intérieur était capitonné ainsi qu'un écrin. Sur l'étoffe reposait un arc, à peine galbé, comme un archet de viole d'amour. Il le prit délicatement. Un éclair de cruauté brilla dans ses yeux. En chatouillant doucement la corde, du bout du doigt, ainsi qu'on touche une guitare, il dit à voix basse : « C'est l'Arc, l'arc tartare, la plus primitive de toutes les armes, la plus difficile aussi. »

Il me le laissa prendre.

« Avec ça, dit-il, j'ai connu mes plus belles heures de chasse et je crois que je n'en serai jamais blasé. »

Il se tut, l'air songeur, les cheveux ébouriffés.

« Je suis un peu, reprit-il, comme un alcoolique qui trouve le vin trop fade et l'alcool trop doux, il lui faut des boissons de plus en plus corrosives. À moi, il me faut la volupté inédite de la chasse à l'arc et à l'épieu.

« Mes fusils restent silencieux, sur leur râtelier, mais une flèche vibre dans l'air frais du matin, elle arrête des bêtes en pleine vitesse, elle pénètre dans les chairs, paralyse des muscles tendus et ainsi, lorsque la bête en vaut la peine, elle l'oblige à me faire face et à accepter le duel. »

Il parlait à voix basse, une voix tragique, emporté par son sujet ; il se livrait à découvert : « Il y a des attentes interminables sous la ramée, des poursuites, des luttes, oui des luttes acharnées et tout cela dans un silence sauvage ; rien ne décèle mon activité... Je suis pris par cette passion de la solitude, du silence et de la plus froide cruauté. »

Il me regardait maintenant en silence, un peu confus d'avoir fait cette confession. Il écarta les mains qu'il tenait jointes et eut un geste d'impuissance :

« Voilà où j'en suis, mon petit !

– On dirait que vous en avez honte, lui dis-je.

– J'ai surtout peur qu'on me juge mal, répondit-il, mais j'ai la conscience tranquille, car j'ai l'impression que je suis moins lâche que les fusilleurs : au moins je donne à ma victime la possibilité de se défendre.

– De se défendre ?

– Bien sûr ! Un sanglier ne meurt pas comme une taupe, d'une pichenette ; lorsqu'il est blessé par ces flèches, il est fou furieux et défend chèrement sa peau, et nos armes, à ce moment, sont égales puisque je me refuse le secours d'une arme à feu. »

Il s'était levé et plaidait, d'abord timide et gêné, sa cause ; on aurait dit qu'il avait quelques scrupules, il semblait aussi qu'il n'avait dépeint sa passion que pour mieux pouvoir argumenter, par la suite, en sa faveur. Avec de grands gestes de bras, il disait : « Dans ce tête-à-tête, sais-tu, je mets ma vie en jeu aussi, et je la défends chèrement... Je suis moins lâche que celui qui, dans un affût, guette au coin d'un bois et, d'un coup de feu, extermine sans la prévenir la plus belle bête d'une bande. »

Il dut prendre mon silence pour une réprobation, car il ajouta : « Si tu connaissais cela, tu verrais... »

Il sortit du tiroir d'un vieux bureau, qui semblait perdu là, dans cette cave, un objet semblable à un solide gourdin, mais dont une extrémité était renforcée d'une pointe en acier, bourrue et solide, comme on en voit au bout des cannes de montagne.

« Voici mon épieu ! » dit-il en le soupesant, en jouant avec lui, puis finalement en le prenant en main comme les athlètes saisissent leur javelot. Armé ainsi, il paraissait dangereux, tant il semblait expert au maniement de ces armes anciennes. Il se retourna en riant, un peu ironique, en disant : « Avec ça, on passe de bons moments. »

C'est à partir de cet instant que je fus son disciple et que l'apprentissage commença.

***

Ce fut d'abord un long affût par une nuit claire de février.

Le Yaude m'avait dit : « Le chat sauvage est le plus bel adversaire qu'un homme puisse rencontrer sous nos climats », et je l'avais prié de me ménager une entrevue avec une de ces bêtes. Nous en connaissions plusieurs tanières, dans la région, et une longue observation des différents points nous avait révélé les habitudes de chacune des nichées. Une nuit particulièrement, nous avions eu la joie de voir une famille entière de chats sauvages évoluer sous les rayons de lune, dans un éboulis, mais n'ayant pas apporté nos armes ce soir-là, nous les avions laissés disparaître dans les broussailles et nous étions repartis discrètement.

Trois jours après, même nuit, même lune dans le ciel froid et vide, pailleté d'étoiles, même vent du nord, même silence. Je me souviens d'une longue marche dans le bois de la Vesce puis d'un retour à contrevent depuis le bois de la Vologne, et enfin une reptation délicieuse dans une friche aux herbes gelées et qui nous conduisit au bord de la roche au pied de laquelle s'ouvraient les tanières.

Et ce fut une cruelle attente. De la vallée montait d'heure en heure, avec un vent ascendant, la chanson monotone des clochers des villages et il nous semblait que chaque coup de cloche se répercutait dans l'air jusqu'à nos oreilles comme au travers d'un fluide gelé, immobilisé, solidifié par une froidure sévère. Il me semblait aussi que la lumière de la lune était froide comme le contact d'un acier ; elle métallisait les branches qu'elle touchait et, sous le choc de ses rayons, les troncs des bouleaux ressemblaient à des tuyaux d'orgue, dont les reflets vibraient comme une note aiguë de xylophone dans la grisaille d'un faux-bourdon.

Tout à coup, nous vîmes sortir d'un terrier, en file, quatre grands chats efflanqués, hauts et maigres comme des épagneuls mal nourris ; ils trottaient avec cette nonchalance, cette élégance féline qu'ont les guépards présentés dans les jardins zoologiques ou dans les ménageries, mais alors que ces guépards, ces panthères paraissaient méticuleusement propres et fort jaloux du velouté de leur robe, les chats que nous voyions paraissaient miteux, ébouriffés et faméliques, comme une famille de Bédouins surpris à leur réveil ; néanmoins, leur pelage était d'un beau tigré, fauve et gris foncé, et, sous cette fourrure, on devinait de beaux muscles et des reins souples et longs.

Le premier, le plus vieux des mâles, vraisemblablement, était le plus beau, moins élégant peut-être que les autres mais plus puissant. Avec ses oreilles fort velues, ses bajoues de poils blanchâtres qui s'étalaient sur son cou, il avait l'air d'un vieux brigand. Haut sur pattes, la croupe fuyante, l'extrémité de sa queue traînant sur le sol, il venait en tête du cortège qui passait sur notre droite, longeant la petite falaise, pour pouvoir ensuite gagner les taillis et s'y perdre.

Je ne regrettai plus les heures douloureuses de l'affût. Le groupe se déployait, en file indienne, devant le mur blanc des roches, et c'était une vision unique, véritablement, à laquelle, grâce à notre patience, nous assistions. Je vis, près de moi, un bras s'élever, au bout duquel l'arc se galbait de plus en plus, tendu par la corde invisible ; la flèche, maintenue par des doigts nerveux, semblait, en reculant doucement, s'apprêter à bondir. Le Yaude, le corps rejeté en arrière, était bandé lui-même comme son arme.

Puis une sourde vibration ronfla près de mon oreille et déjà, sous la roche, un cri rauque retentissait. Les chats s'étaient arrêtés ; la victime, le vieux chef de file, courbé sur sa blessure, cherchait à arracher le trait de la plaie. Le Yaude, abandonnant son arc sur la pierre, se leva lentement en saisissant son épieu et, s'adressant à la victime qu'il avait choisie, il dit : « Maintenant, défends ta chance ! »

Au son de la voix humaine, les trois autres bêtes gagnèrent leur antre et le chat blessé se dressa, la croupe affaissée ; de son flanc pendait lamentablement la flèche dont l'extrémité portait sur le sol.

D'un coup d'œil, la pauvre bête jugea qu'il était trop tard pour tenter de gagner le terrier, car le chasseur avait manœuvré de façon à lui couper toute retraite ; alors, acculée contre la roche, elle se dressa, hérissa les poils de tout son corps, effaça ses oreilles et, les lèvres retroussées sur ses dents blanches, elle accepta le combat.

Le Yaude s'avançait d'un pas lent et le chat l'attendait au lieu de tenter de fuir comme je l'avais pensé tout d'abord. On devinait que le Yaude était heureux de ces dispositions et, lorsque le chat, ayant bondi bravement pour lui sauter au visage, lui arriva en pleine face, il le reçut au bout de son épieu avec un cri de triomphe.

Il m'avait dit : « La lutte avec l'animal sauvage est toute différente de la lutte avec l'homme, elle ne comporte ni trêve ni répit. » À peine, en effet, le chat fut-il retombé à terre qu'il bondit de nouveau pour retomber et bondir encore, les griffes ouvertes. Un peu de sang tachait les pierres blanches de l'éboulis. Le Yaude ripostait aux attaques, assailli qu'il était par une bête folle de douleur.

À un moment, alors que le chat s'était mis sur son séant et cherchait à extraire la flèche de son flanc en la mordant rageusement, le Yaude le cloua au sol avec son épieu et, alors qu'il se débattait désespérément, le paralysa et l'assomma d'une pierre ramassée.

Longtemps encore la bête énorme eut des mouvements spasmodiques, puis elle s'étendit enfin sur les cailloux et se résigna à mourir, après avoir bravement combattu.

Mon ami s'était assis auprès en souriant : « Nous avons fait œuvre utile », a-t-il dit. Mais il a prononcé cela d'une façon tellement distraite que je crois bien que ça ne correspondait à aucune de ses pensées. Je crois surtout qu'il était comme ivre.

Après les dernières pluies de printemps vint le mois d'avril. Du sol s'élevait comme une fraîcheur saine, embaumée. J'avais envie de m'étendre sur la terre pour l'embrasser, pour multiplier les points de contact avec elle, comme on fait avec un être qu'on aime. Il fallait voir les petits vallons, tout encombrés d'herbes hautes et sèches, de petits sapins, de cytises dont les capsules jaunes éclataient au soleil ou bien les ravins plus profonds où des sources filtraient à travers les pierres, sous les coudriers.

Dans les dépressions bien situées, protégées du nord, ouvertes au soleil, il faisait doux et on était tenté de s'asseoir, au bord des taillis. Dans la nature vide d'hommes, il régnait une activité d'insectes, de bestioles de toute sorte.

Ce fut cette époque que nous choisîmes pour la première de ces expéditions dont le Yaude me vantait le charme : un matin, à l'aube, on nous vit partir, bien chaussés de nos meilleurs souliers, pour gagner le « dessus de Saint-Sauche ».

Lorsque, chargés de nos sacs, nous arrivâmes dans la sente qui devait nous conduire au bois, je fus pris à la gorge par une joie, un sentiment bizarre de liberté et d'amour de l'imprévu. Courir des risques, errer sans programme, voilà ce que nous allions faire pendant des jours, dans une nature en éveil ; forcer le gibier, le guetter au passage, déjouer ses ruses et l'atteindre d'une longue et mince flèche vibrante, tel était notre but.

Les quatre chiens devaient aussi comprendre cela. Ils se lançaient à toute vitesse, nous précédant jusqu'à ce que nous les perdions de vue, et revenaient à nous, la langue pendante, la tête ironiquement penchée à droite ou à gauche, alors que de leur gueule ouverte s'élevait une vapeur. Mon Faraud exultait, la poitrine haletante, l'œil rieur.

Nous marchions très vite, car l'aube était froide. Et nous voulions être arrivés avant le lever du soleil dans ce que l'on nomme le chaumeau, c'est-à-dire une forêt clairsemée, herbeuse comme un pâturage et qui s'étend sur le plateau.

Bientôt, nous étions au rebord de la montagne ; les chiens, surexcités, levaient déjà, ici et là, des lapins que l'aube surprenait hors du terrier. Et lorsque le soleil parut, nous étions déjà au-dessus des fermes de la Verchère, sur l'autre versant, dans les coupes où le printemps réparait en silence les larges blessures que les hommes avaient faites à la forêt.

Les souches, mutilées par de larges entailles, débordaient d'une sève montante qui perlait sur leurs surfaces vives. Les bourgeons semblaient baver un liquide épais et blanchâtre, précieux comme une semence. Nous marchions sur des touffes de vie naissante, de vie jaillissante, dont les réserves trop pleines semblaient être cachées sous la mousse. Seuls, les grands arbres, lents à s'émouvoir, ainsi que des vieillards, n'avaient pas encore commencé leur résurrection ; leurs branches nues s'élevaient encore vers le ciel, sans fleur ni bourgeon, mais cependant leur écorce était moins noire, éclairée par la lumière nouvelle.

Lorsque nous fûmes arrivés à l'endroit que l'on nomme « le dos de la montagne », nous eûmes une échappée merveilleuse sur la vallée descendante : étroite comme un couloir, elle serpentait, dirigeant le cours de la rivière qui, rejetée à droite et à gauche par les accidents du terrain, apparaissait tour à tour sombre ou riante, profonde ou rapide ; elle arrosait des prairies étroites, étranglées entre les versants boisés et il montait de tout cela un calme étonnant. La rivière si lointaine dans sa profondeur semblait immobile, comme figée ; le bruit de ses courants et de ses remous ne montait pas jusqu'à nous.

« Vides d'hommes sont ces belles vallées, dit le Yaude, vides de jeunes hommes surtout, seuls restent des vieillards !

– C'est triste ! lui dis-je.

– Triste ? Je ne trouve pas. C'est amusant, au contraire : il fait bon, il fait beau et tout cela est à nous. Les jeunes sont partis vers la ville, les vieux disparaissent, les maisons s'effondrent, comme si leurs reins étaient brisés ; les orties croissent dans les cours, les seuils fendus s'entrouvrent comme des tombes ; la forêt, pleine de vie, pénètre dans les vieux vergers, force les claies des enclos, fait planer sur toutes ces douces ruines le beau silence de la nature ; les clôtures ne signifient maintenant plus rien ; tout nous appartient ; l'étendue redevient banale, comme dans les temps préhistoriques ; inexorablement, les prescriptions s'éteignent ; seuls les plans cadastraux, comme des vieillards retombés en enfance, signalent encore des propriétés, des cultures, des pâtures là où l'on ne trouve plus que la forêt ou le fouillis. Les noms, si beaux, si sonores que nos ancêtres avaient donné aux lieux ressemblent désormais, dans les solitudes broussailleuses, à des épitaphes que l'on déchiffre sur des tombes délaissées.

« Personne ne fera plus revivre toutes ces choses, personne n'aura le courage de quitter la turpitude des villes pour ressusciter ici les maisons ancestrales. Elles s'écraseront définitivement, livrant leurs fissures aux lézards, leurs pans de mur aux chouettes, leurs étables aux nichées de couleuvres. Aux soirs d'été, si chauds, si bons, seuls des insectes, des reptiles profiteront de la douceur d'une sieste sur le vieux banc ; à la ville, ils crèveront de chaleur dans le bruit et la poussière, tandis qu'ici des vipères s'étendront à leur place. »

Le Yaude riait en continuant : « Moi, je trouve ça agréable ! »

Il descendit un petit raidillon au bout duquel, sous un berceau de branchages, on voyait une clairière, puis une friche et, comme enlacées par la végétation montante, des ruines se blottissaient au bas du versant opposé.

« Nous voilà déjà à la Combe Morte, nous avons bien marché », dit-il.

Les toits des masures, crevés comme à la suite d'une guerre, étaient moussus ainsi que de vieux chênes. Un cognassier, énorme, tortueux, à l'écorce violette, émergeait de l'envahissement des lierres et des lilas, et les vergers, aux vieux arbres rongés de parasites, s'étendaient, déjà pimpants avec leurs primevères jaunes ou mauves. Abrité dans son petit cirque de forêts, ce cadavre de hameau se chauffait au soleil.

« Vois-tu, me dit le Yaude, si les croquants qui ont abandonné cela revenaient de la ville où ils sont receveurs d'autobus, nous ne pourrions pas venir ici et y rester comme chez nous. »

Il se retourna vers moi : « Je vais visiter mes vergers », dit-il, et il inspecta, l'un après l'autre, tous les arbres fruitiers. « Cet été, nous viendrons ici avec des corbeilles, pour la récolte. Maintenant, allons dans ma maison de campagne. »

Il pénétra dans une ruelle étroite qui, sur cinquante mètres à peine, était l'unique rue du village ; à tous les pas, nous éveillions des glissements de lézards sur les murailles, il nous fallut enjamber des poutres anciennes, des troncs.

« Cette ferme, me dit le Yaude, était un avant-poste que les moines cisterciens avaient établi là pour le défrichement de la forêt éduenne. Ils avaient bien choisi, comme toujours, près de l'excellente source, au pied de la forêt, sur une poche de terre très fertile et ils y avaient établi des laïques... trois foyers, je crois. » Il s'arrêta pour murmurer : « Que de jours heureux ils ont dû couler là ! » Puis il disparut dans une masure où je le suivis. Là, on voyait les cendres d'un feu récent, près du mur. Une litière de paille retenue par un cadre de bois meublait un des coins. On voyait aussi une table grossière, un escabeau et une petite batterie de cuisine pendue au mur au-dessus d'une haute caisse qui servait de bahut.

Le Yaude s'était assis, l'air heureux. « Voilà ma maison de campagne », dit-il. Il prit une cruche et s'en alla chercher de l'eau à la source où, déjà, barbotaient nos chiens.

***

La chasse commença le soir même, tant nous étions impatients. Les chiens, lâchés dans le haut de la Combe Morte, commencèrent à donner de la voix sur le versant d'en face. À longues enjambées, l'archet fixé au côté, l'épieu à la main, le Yaude partit, s'élevant rapidement sur la pente ; bientôt, la ferme délaissée ne fut plus, à nos pieds, qu'un massif sombre d'où venait le délicieux ululement de la chouette, pas ce cri lugubre du chat-huant, mais le hou-hou très doux semblable au chant d'amour du ramier. Le soir tombait.

Le Yaude s'arrêta pour murmurer : « Le beau soir ! Écoute les chouettes... On dit que la chouette est l'oiseau de la sagesse, elle se trouve bien, là. »

J'ai ensuite le souvenir d'une course sans répit, de vallons, de taillis traversés en courant en silence, je me souviens de brindilles cinglantes qui fouettaient mon visage. Guidés par le chant des chiens, nous passions d'une combe à l'autre, revenant parfois sur nos pas, surveillant la marche générale de la chasse.

Lorsque la nuit fut totale, il se mit à faire très froid ; c'est avec joie que nous sautions par-dessus les ravins alors que, devant nous, la chasse menée rapidement nous entraînait. Parfois, coupant à travers les halliers, nous gagnions les trouées où un instant plus tôt la petite meute était passée ; nous arrêtions un chien dévoyé qui, énervé, hésitait en pleurnichant, nous le remettions sur la piste en le calmant de la main ; alors, joyeux, il s'élançait à nouveau, en hurlant, froissant les brindilles, brisant les minces obstacles végétaux.

Plusieurs fois, cette manœuvre nous permit de gagner du terrain ; nous passions ainsi des chaumes du Pendu dans la

Trouée de la Louée ; les échos de la meute s'éloignaient, s'enfuyaient à droite puis à gauche, nous nous portions de ce côté et tout à coup la fanfare éclatait tout près de nous.

Enfin, après un crochet, nous devançâmes la chasse de quelques secondes et bientôt, dans une clairière, nous vîmes bondir le sanglier, suivi, à cinquante mètres à peine, par nos corniauds qui galopaient de concert. Armés d'un fusil, nous aurions eu tout le loisir de l'abattre, mais il disparut, hors de la portée de nos flèches. Il devait être très tard. Je savais maintenant que la bête devait revenir, au petit matin, au-dessus de la Combe Morte, mais je désespérais de pouvoir l'approcher d'assez près pour l'attaquer. Cependant, à un moment, les chiens passèrent non loin. Nous sautâmes en contrebas pour nous rapprocher d'eux. Dans un fourré, le sanglier s'était retourné et essayait de tenir tête aux chiens.

Le Yaude se mit à courir en criant : « Tue ! Tue ! » pour exciter les bêtes à ne pas laisser au sanglier le loisir de reprendre sa course.

Lorsqu'il nous vit venir, il repartit néanmoins de plus belle, les chiens pendus à ses jarrets. Il se retourna encore près d'un gros fourré et, hirsute, donna des coups de boutoir à gauche et à droite. Nous suivions cela de près. Je regardais cette bête noire, aux poils rudes, dressée sur ses courtes pattes et qui, avec tant de souplesse et de rapidité, ripostait à la meute.

Les arcs sortirent des archers, les flèches furent ajustées sur les cordes. Une véritable fièvre me faisait frissonner. Le Yaude prit la bête par la gauche, moi par la droite, et nous criions : « Tue ! Tue ! » pour soutenir nos chiens qui avaient chassé toute la nuit. Lorsque nous fûmes à vingt pas, le sanglier amorça une retraite qui lui fut coupée vaillamment par nos bêtes.

Vivement, nous fûmes près du groupe, en position de

tir. La flèche du Yaude vint se planter dans la hure puissante du pachyderme, la mienne laboura son flanc. À partir de ce moment, il se défendit désespérément et, au lieu d'exciter nos chiens, nous les retenions au contraire afin qu'ils n'allassent pas se faire éventrer. Comme le Yaude se trouvait découvert, le sanglier chargea brutalement dans sa direction, il eut le temps de lui décocher une troisième flèche puis de faire un écart. De mon côté, pendant qu'il se retournait, je lui logeai une quatrième flèche dans la fesse. Les chiens le poursuivaient en lui mordant les sabots et je craignais d'en atteindre un dans ma maladresse de débutant.

Une deuxième fois, il chargea mon camarade qui le reçut d'un coup d'épieu en plein front en s'écartant vivement. Le sanglier fut bientôt hérissé de flèches fichées dans sa chair ; il s'assit sur son arrière-train et se borna à repousser les chiens. Nous épuisâmes sur lui notre réserve de flèches, multipliant ainsi ses blessures pour l'affaiblir ; enfin, le Yaude l'approcha, l'épieu en garde. La bête voulut à nouveau le charger, mais elle s'empala sur la pointe de l'épieu et s'effondra sur la fesse gauche.

Le Yaude sortit son couteau de chasse et l'acheva sans vergogne, puis il l'éventra, sortit la tripaille toute chaude dont se régalèrent les chiens. L'âcre odeur des intestins fut bientôt chassée par les senteurs du matin, car, en effet, le jour se levait. Nous avons traîné le cadavre éventré jusqu'à la Combe Morte où, parfait et majestueux, le silence régnait depuis plus de quinze ans.

Un sommeil lourd et sain, épais en quelque sorte, nous berça dans nos ruines. Lorsque je m'éveillai, je vis d'abord le sanglier éventré, près de moi ; ses petits yeux étaient ouverts, il semblait me regarder. Les chiens étaient là aussi, faisant bonne garde autour du gibier, vautrés sur la terre battue.

Le Yaude, assis sur une large pierre, se chaussait tranquillement. J'ai conservé de ce réveil un souvenir merveilleux : par la porte, je voyais, sur le talus d'en face, un tapis de pervenches que je n'avais pas remarqué la veille ; plus loin, c'était l'incertitude d'une brume, à travers laquelle transparaissait l'ombre massive de la montagne.

Le Yaude alluma un feu, dehors, à l'abri d'une petite butte, pour ne pas enfumer notre tanière et, dans la chair fatiguée et meurtrie du sanglier, plongea son couteau de chasse pour y découper un cuissot. Le parfum du sang réveilla les chiens : ils mendièrent des reliefs en tournant autour de nous, la langue pendante et humide. Le Yaude détachait des morceaux de ce tissu nerveux qui couvre les flancs des sangliers et les jetait, au hasard, à la meute.

« Voilà, dit-il, comment doivent être dressés les chiens pour cette chasse à l'arc. Pas de soupes, pas de douceurs, mais plutôt des morceaux de cette chair qu'ils doivent poursuivre à merci. »

« Pas de chasse avant trois jours, avec une telle réserve ! disait aussi l'extraordinaire célibataire, nous allons pouvoir respirer ! » Et, avec des morceaux de graisse dont il débarrassait les noirs rognons du sanglier, il graissait nonchalamment ses souliers et les miens ; avec le reste, il emplissait un petit pot qu'il avait extrait d'une cachette ménagée dans le vieux mur. Lorsque les braises furent à point, il en retira les fumerons, il y posa un gril grossier en fil de fer sur lequel il plaça le cuissot et il m'entraîna dans une visite détaillée des anciens bâtiments qu'il considérait, ma foi, comme sa propriété.

Au plus proche, on voyait les vestiges du lavoir : c'était plutôt un bassin, bien conservé et dont les bords, en pente, servaient jadis aux laveuses pour y frotter le linge, mais les vannes avaient été rongées par les lichens de sorte qu'un filet d'eau très claire traversait le réservoir, de bout en bout, et sortait par une canalisation trop large pour se perdre, inutile et charmant, dans les menthes et les renoncules encore desséchées à cette époque.

C'était l'extrémité de ce minuscule village, un chemin y conduisait, bordé de pommiers et de pruniers. En avant s'étendaient les vergers et les anciennes chènevières encore bombées et prêtes à porter récolte, et cette zone, arrosée par le débit régulier de la source, contrastait, par sa verdure, avec les friches d'alentour, si jaunes, si sèches, si âpres.

Au-dessus des maisons, dont il ne restait que des pans de murailles, notre fumée, frêle comme un brouillard mais bien vivante, s'élevait dans le ciel. Alors le Yaude s'étendit sur l'herbe rase, doublée de mousse et se laissa vivre. « Voilà ma vie, dit-il, des chasses, des nuits de fièvre et des journées de sieste dans mon refuge de la Combe Morte. Je ne suis pas utile à la société, mais je ne lui suis pas nuisible non plus. Je me donne simplement la peine d'exploiter discrètement, sans tapage, les trésors de beauté, de solitude, que des sots, plus ambitieux que moi, ont dédaignés. »

De ses mains d'oisif, il caressait la terre, mollement, l'âme vide de tout souci, tranquillisé qu'il était à la pensée de ce cuissot se dorant là-bas sur les braises et de cette réserve massive de viande que nous nous proposions de dévorer, bouchée par bouchée, sans pain, sans sel, en préparant, à temps perdu, nos flèches et nos arcs pour la prochaine chasse.

Tout à coup, il se mit à rire et me montra les chiens qui se disputaient la pitance. Velus, enlaidis par leur voracité, les corniauds ripaillaient sur le tapis de pervenches.

Fruit sec

Premier chant

« Je préfère être ici que cuit dans une choucroute », dit un grain de genévrier, absolument sec, blotti sur un lit de feuilles rousses dans un vallonnement des grandes friches de Labussière.

Il continua : « Je suis encore ici, sans joie, parce que sans descendance, c'est entendu. Je suis resté un fruit sec, mais tout ce que j'ai vu depuis le premier jour m'a tellement instruit de la vanité des choses d'ici-bas et de la grandeur de Dieu que, dans ma stérilité, j'ai compris que ma présence ici était nécessaire, indispensable, pour que la friche soit encore la friche, pour que la montagne soit encore la montagne, pour que la terre puisse tourner sur elle-même et pour que le système solaire conserve son mouvement. On peut sourire en m'entendant parler ainsi, car je suis si petit et si sec ! Avec cette figure ridée et cette immobilité implacable qui me cloue au sol, je n'ai certes pas l'air d'être un rouage utile dans la gravitation universelle. Pas plus qu'on ne penserait me rendre responsable de l'inlassable écoulement d'eau qui, à quelques mètres de moi, forme une source où viennent boire les renards.

« Mais cependant, j'ai mes opinions à ce sujet et, dans ma solitude stérile, je ne saurais en aucun cas en vouloir à mon père le genévrier de m'avoir donné le jour pour m'abandonner ensuite sur une portion de terrain où il m'a toujours été impossible de prospérer et de donner naissance à un arbuste. Mais, pour comprendre cela, il faut connaître la merveilleuse histoire...

« Donc, après un hiver terrible et un printemps froid, comme il en règne souvent dans la Haute-Bourgogne, le beau genévrier au pied duquel je gis maintenant se couvrit d'une multitude de petites boules vertes qui, au fur et à mesure que l'août se faisait proche, devenaient indigo, puis bleu pâle, comme encore couvertes de givre, et j'étais, parmi elles, une des plus belles, une des plus bleues. La joie des clairs matins de cette époque est restée fixée dans ma mémoire : la brume disparaissait d'un seul coup et le soleil se faisait tendre et chaud ; à ce moment, l'alouette s'envolait pour chanter. Tout vibrait, depuis les petits moucherons jusqu'au chant des grillons et, dans la clairière en pente, on voyait courir les lapins.

« Et nous nous mettions à chanter l'hymne silencieux de notre parfum qui, attiédi par le soleil, s'enflait, imprégnait tout, s'accrochait aux tiges des graminées, rendait les insectes amoureux et se laissait enfin emporter au loin par le vent chargé déjà d'autres odeurs toutes plus généreuses les unes que les autres. Nous étions jeunes et gaies. Notre nombreuse famille respirait la santé, nous tenions donc de tout cœur notre partie dans le chœur embaumé de la nature et, notre nombre faisant notre force, on ne respirait plus que nous. Et, simplement, nous en étions heureuses.

« Mais, lorsque nous fûmes en âge de deviner notre destinée, toute cette belle harmonie cessa et nous nous écriâmes :

« " Si chacune de nous donne naissance à un arbuste, la friche sera trop petite pour nous contenir, la terre trop peu profonde pour nous nourrir, l'air trop peu abondant pour nous vivifier. Comme nous allons être malheureuses ! "

« Et certaines d'entre nous disaient : “ Faut-il que le Père Genévrier soit sot pour nous avoir donné le jour en aussi grand nombre ! Un père soucieux du bonheur de ses enfants peut-il être aussi stupide ? ” Nous les faisions taire, mais d'autres, gagnées à cette théorie sacrilège, reprenaient : “ Le Père Genévrier n'a même pas réfléchi que nous, ses enfants, nous allions, de par notre végétation, l'étouffer et le faire mourir. ”

« Je disais “ Chut ! ” mais je pensais néanmoins, sotte que j'étais : S'il est vrai que un et un font deux, je me demande avec anxiété comment nous pourrons vivre toutes, germer et grandir ? Non, en vérité, la friche est trop petite !

« Et ce fut la panique. Chacune proposait un remède, aucun ne pouvait donner de résultat. De palabre en palabre, nous en étions arrivées à dire ceci : “ Il faut que certaines d'entre nous se sacrifient, se suppriment volontairement, ou tout au moins consentent à ne pas donner naissance à un arbuste. ”

« Les jours passaient. L'été avait réveillé les vipères que nous voyions, brillantes et nerveuses, passer au-dessous de nous. Et notre malaise ne faisait qu'augmenter.

« Enfin, un jour, une chasse passa : le sanglier, poussé par de bons chiens, traversa par le milieu le massif que formait l'arbre qui nous portait ; ce brutal nous secoua fortement, sans se soucier des branches qu'il cassait : il troua le buisson comme un boulet transperce une muraille, et l'édifice qui nous abritait en fut secoué jusque dans ses fondations, je veux dire ses racines.

« À peine était-il passé que vingt chiens, hurlant sur des modes différents, ce qui donnait un accord rauque mais fort harmonieux, se précipitèrent sans qu'un seul d'entre eux n'ait la pensée de contourner notre massif. Et lorsque tout fut fini, nous n'étions plus si nombreuses à nous balancer au bout de nos rameaux. Des brindilles brisées jonchaient le sol, un âcre parfum de résine montait de ces cadavres et nous contemplions nos sœurs sacrifiées qui gémissaient.

« À ce jour remonte la première leçon de ma vie. La vue de ces cadavres m'indigna et cependant, une heure auparavant, j'affirmais que certaines d'entre nous devaient mourir ; le spectacle de cette jeunesse brisée me remplissait d'effroi et cependant, un instant plus tôt, je pensais qu'il fallait tuer volontairement en nous le germe de vie.

« Et tout cela signifiait simplement que notre nature était d'engendrer, de germer, et que se révolter contre cette loi, c'était agir contre nature, c'est-à-dire commettre une vaste erreur et troubler gravement l'ordre universel. »

Deuxième chant

« Il me faudrait un talent extraordinaire pour donner toute son ampleur à l'épopée que je vécus depuis ce jour, car tout ceci est une véritable épopée ; c'est l'histoire du cycle grandiose, du tourbillon constant qui entraîne tous les êtres.

« D'abord, un soir, un orage terrible gronda sur les sommets calmes et boisés de la Haute-Bourgogne. Les branches des arbres se rompaient sous l'effort du vent ; un chêne, brisé par la foudre, s'effondra sur nous ; ses formidables frondaisons écrasèrent une grande partie de notre buisson, naguère si beau, si régulier.

« Les forêts bleuissaient à la lueur des éclairs et j'étais moi-même terrifiée : il me tardait de voir arriver le jour car il me semblait que la lumière dût mettre fin à cette angoisse terrible qui nous étreignait tous. Autour de moi, je voyais mourir mes sœurs qui, arrachées trop tôt de la branche, tombaient sur le sol, perdant à jamais l'espoir de prospérer et faisant le sacrifice obligatoire de leur rêve instinctif qui était, malgré tout, de donner naissance à un bel arbre, le plus bel arbre du monde, pensaient-elles.

« Les végétaux gémissaient, secoués, brutalisés par l'orage ; la foudre brisait, au hasard nous semblait-il, les troncs les plus robustes, précisément ceux qui, dans la splendeur des soirées d'automne, tenaient les plus orgueilleux propos.

« Lorsque nous vîmes les herbes se coucher en frissonnant sous une rafale plus forte et les taillis échevelés se courber aussi dociles que les graminées, lorsque le fracas du tonnerre redoubla, à notre épouvante succéda la terreur. À chaque instant, dans notre crainte passive de faibles, nous attendions la mort au milieu d'un fracas inouï.

« C'est à ces instants de tourmente que nous sentîmes toute la sottise des théories que, dans le calme des beaux jours, nous développions auparavant, avec la naïve assurance des gens comblés ; ces théories, à la lueur livide d'un ciel incendié, nous apparurent comme de ces monstres que l'esprit se refuse d'avoir enfantés. Nous pensions : Oh non, c'est impossible que j'aie tenu de tels propos !

« Nous eûmes peur que le Justicier eût choisi cet instant et ce moyen pour nous punir de notre orgueil et de notre manque de charité. La veille encore, nous craignions d'être trop nombreuses et, ce soir-là, oh ! ce soir-là, en voyant disparaître un à un tous les membres de notre petite société, nous ne craignions que d'être trop peu nombreuses et, lâchement, nous avions peur de mourir.

« Pour ma part, je pris, en cette nuit d'orage, la deuxième leçon de ma vie, et j'entrevis, avec une certaine honte, que ce cataclysme venait en quelque sorte exaucer nos souhaits et rassurer nos esprits, car en somme nous n'avions plus à craindre la surpopulation de la friche, nous ne pouvions même plus prendre ombrage de la prolifération des coudriers et de l'impérialisme tenace des ronces, parce que la fureur des éléments décimait les coudriers et les ronces avec la même férocité.

« Le lendemain, au matin, nous pûmes dénombrer les survivants ; ce fut plus aisé que de compter les disparus, mais, à mon grand étonnement, le spectacle du soleil se levant sur la campagne meurtrie encore humide parut riant et agréable ; il ne fallut pas plus d'une journée pour que tout fût oublié : la vie reprenait son envahissement, s'apprêtant à reconquérir le terrain perdu, les sèves réparaient lentement les plaies béantes des écorces.

« La journée ne fut pas terminée que deux grives, interrompant un instant leur vol inégal, vinrent se poser tout près de moi, se repaissant de mes sœurs qu'elles grappillaient ici et là, de leur bec amusé. Nous ne pouvions leur en vouloir, car nous savions que nous sommes, avec les boules blanches du gui, la nourriture préférée de ces oiseaux. La femelle interrompait son repas pour lancer un long cri de crécelle, et j'avais grand peur que ces clameurs n'attirassent une bande de sansonnets qui, depuis la maturité des sorbes, allaient et venaient dans la combe.

« Après la visite des oiseaux, nous reçûmes celle des hommes qui, munis de sacs, récoltaient précisément les baies de genévrier pour en embaumer la charcuterie et la choucroute, disaient-ils. Je fus cette fois encore épargnée par les hommes comme je l'avais été par les orages, les oiseaux et les autres cataclysmes.

« Tout cela fit qu'un soir de novembre je restai seule à l'extrémité de ma branche, et nous étions trois survivantes pour l'arbuste tout entier. Puis, un matin, après que la lune eut brillé toute la nuit, une sévère gelée nous détacha de notre tige et nous tombâmes sur le sol, seuls vestiges de la si nombreuse famille et craignant, à nous trois, de ne pouvoir en perpétuer la race. Cela nous sembla être la dure punition de nos discours sacrilèges de naguère ; mais je devais voir pire encore. »

Troisième chant

« Ce ne fut pas de bon gré que j'acceptai la vie contemplative qui m'enchante aujourd'hui. Pour faire mieux comprendre les sentiments qui m'agitaient, il faut que je décrive les limites de mon horizon : au nord, c'était l'écran tout proche d'un talus sur lequel des grillons, cornus et funèbres, venaient se chauffer en grelottant de joie ; la vue s'étendait de ce côté jusqu'à des touffes de longues herbes, forêt mystérieuse dont le secret piquait violemment ma curiosité. De ce fourré, nous voyions parfois sortir des campagnols, vifs et lubriques, qui se poursuivaient en criant.

« Au sud, j'apercevais au contraire une petite étendue de forêt et, enfin, un horizon lointain et vague, formé de chaînes montagneuses probablement boisées car, certains jours, les petites fumées droites des charbonniers s'élevaient dans le ciel.

« J'étais tombée sur une large dalle calcaire et, momentanément, il m'était interdit d'espérer prospérer, mais j'avais certainement de nombreuses chances d'être projetée à terre par un bon vent ou par un animal quelconque, et j'attendis. J'attendis en observant : celles de mes sœurs qui avaient encore quelque espoir de ne pas sécher sur place étaient commodément installées sur une surface de terre fraîche, légèrement humide après les averses, et je les jalousais d'être ainsi privilégiées, mais, un jour, l'une d'elles fut attaquée, percée, vidée, par une tribu de fourmis énormes.

« Nous n'étions ainsi plus que deux. Nous voyions évoluer les chenilles et les cicindèles ; ces dernières creusaient autour de moi leurs petites trappes, s'y cachaient et attendaient, ainsi dissimulées, les sauterelles multicolores, les criquets et les scarabées, pour les dévorer après les avoir cisaillés de leurs pinces grotesques.

« De l'humus formé par les végétaux abattus par les orages naissaient de jeunes pousses : j'assistais à ce spectacle perpétuel du plus fort dévorant le plus faible, de la vie s'alimentant à la vie. Enfin, me voyant sécher et dépérir, je perdis tout espoir, je devais rester éternellement sur cette pierre, spectateur immobile et insoupçonné.

« Un matin de printemps, de mon observatoire, je vis qu'une jeune pousse de genévrier sortait de terre, fraîche et déjà embaumée, engendrée par la seule de mes sœurs qui eût rempli les espoirs placés en chacune de nous. Je me pris d'un singulier amour maternel pour cette jeune pousse, tremblant pour elle qu'un renard ne la brisât ou qu'une humidité ne la fît pourrir. Car c'était le seul espoir. Grâce à elle, le Père Genévrier se remplaçait et, au fur et à mesure qu'il se desséchait, la belle pousse prospérait à merveille.

« Moi, j'étais ridée à présent, brûlée par le soleil, minuscule et dure comme un gravier, mais il fallait qu'il en fût ainsi pour que l'univers fût encore l'univers, pour que la terre fût encore la terre, pour que la montagne continuât d'exhaler des vapeurs embaumées et pour que la friche fût encore la friche. »

Héritage

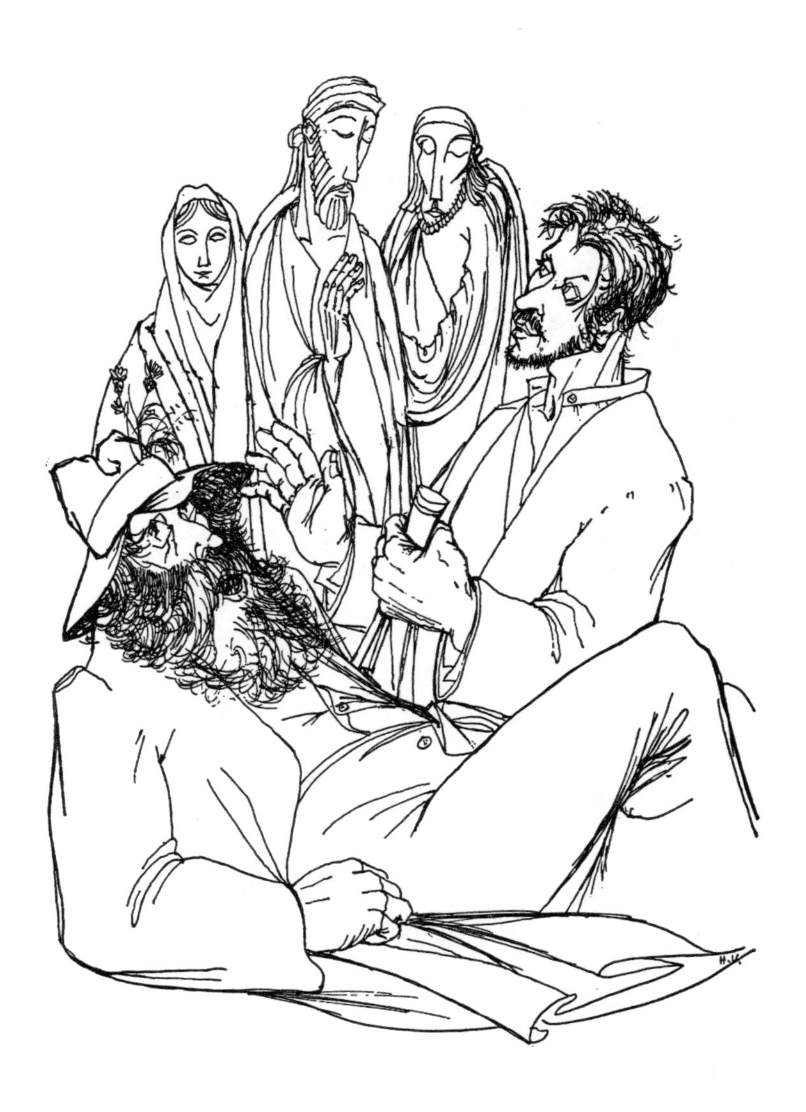

Par-dessus le cycle des végétations naissent et meurent les dynasties, les dynasties campagnardes qui règnent splendidement sur des royaumes de terres, de bois et de friches, des dynasties qui, durant des siècles de labeur, s'embellissent, s'enrichissent de toutes les vertus accumulées de la race...

Voilà ce que pense le Pépère Antoine, alors qu'il regarde le panorama où se déploient, en bonne place, ses biens ; il est sous son tilleul, assis sur une souche qui se tortille comme le corps d'un serpent et, de là, il voit la campagne comme on doit la voir d'un ballon. Il en distingue les creux et les bosses, grâce au soleil frisant qui sculpte les surfaces. Le Pépère Antoine aime ce relief accusé par les lueurs de l'après-midi, il aime ces plis de collines, ces redents de falaises, ces bourrelets de forêts, il les caresse des yeux et ne peut en détacher son regard, car le Pépère Antoine est sculpteur en même temps qu'il est cultivateur ; peu de gens le savent, car il ne montre pas ses œuvres à tout venant, mais il les entasse dans la chambre qu'il s'est réservée, dans la ferme qu'il a construite sur les ruines de l'ancienne.

Il n'en a mis qu'une ou deux, dans la salle principale, parce que sa bru, un jour, lui a dit : « Pépère, ne gardez donc pas ces trésors pour vous tout seul, mettez-en un peu sur notre commode, pour enjoliver ! »

C'est pourquoi, dans la salle commune, on voit des saints et des saintes, en bois roux ; mais dans la petite chambre du vieux, c'est comme un musée, et les petits enfants y entrent en cachette pour admirer.

Depuis longtemps, le Pépère Antoine ne se rase plus, son bras fatigué ne se plaît plus à manier les lourds rasoirs de famille ; d'ailleurs sa peau, trop vieille, saigne pour un rien et les plaies ne se referment plus. Sa barbe, donc, croît désormais libre, ainsi que celle d'un mendiant. Il s'assied sur le seuil tiède de la maison, ou bien il monte dans les prés pour surveiller les bêtes ; il donne des conseils, pense, observe et, par moments, on dirait qu'il prie.

Aujourd'hui, il est monté jusqu'au tilleul qui domine les Grands Prés et il regarde, droit devant lui, lorsqu'il est las de tailler patiemment un joli morceau de tilleul, jaune comme du soufre à mécher les tonneaux. Mais comme son bras est lourd et comme sa tête bourdonne ! Voilà quatre fois que cela lui arrive, et cela se termine par un éblouissement qui lui fait peur. À chaque fois, il pense à la mort.

Aujourd'hui, il y pense avec une sueur légère aux tempes, car le malaise est plus fort ; à un moment, cela frise même le délire : il entre dans un drôle de pays où tout brille de mille feux, et abandonne la nature qui s'obscurcit. Lorsqu'il revient de ce voyage, il tremble et il lui semble que ses yeux sont voilés. La Mort ! Voilà qu'il y pense de nouveau.

Hier déjà, pendant qu'il surveillait ses arrière-petits-enfants, il s'était penché sur le berceau où dormait le dernier-né et, lorsqu'il avait vu les petits poignets sortant de la brassière, lorsqu'il avait perçu, à travers cette peau si douce, le sang qui affluait, rapide, tout frais, tout pétillant, charriant la vie jusqu'au bout de ces petiots doigts, il s'était mis à faire un rêve pénible.

Maintenant, il a de la peine à reprendre sa respiration, mais il est calme.

« C'est la fin, dit-il, c'est la fin ! Je m'en vais... Je suis au bout... »

Dieu ! que le soleil est clair, qu'il est chaud, sur la terre et dans les blés presque mûrs !

En pensant à cela, il a comme une faiblesse parce qu'il dit : « Verrai-je cette moisson ? Verrai-je ces vendanges ? »

Voilà les questions qu'il se pose souvent, maintenant. À chaque fois, il faiblit, mais personne ne s'en aperçoit, à la maison, car il s'échappe, monte dans la vigne et, arrivé là, chancelle, sans témoin, appuyé à un pesseau [1]. Il voit les bois, le lavoir, la petite route, le moulin et se surprend à dire : « Que ce calice s'éloigne de moi ! »

Aujourd'hui, il ajoute, après un temps : « Je vais bientôt les quitter, tous. » Il pense à ses enfants, à ses petits-enfants, et aux descendants de ceux-ci.

Les prairies de l'Auxois déferlent à ses pieds. Il règne un calme extraordinaire, un calme ensoleillé et radieux, mais le Pépère Antoine est comme perdu dans une forêt obscure ; il regarde devant lui, les yeux fixés ; sa main droite laisse tomber le couteau, sa main gauche se crispe sur le morceau de tilleul à demi sculpté.

« Je sais et je sens que mon heure est venue de passer de ce monde, dit-il, comme dans les psaumes qu'il lit, le dimanche. Une troupe d'hommes, armés de bâtons, va venir me prendre et il me faudra quitter les gens et les lieux ! »

Les arbres frémissent à une brise très douce.

« Je serai léger pour partir, car j'ai tout donné, dit-il. Je n'emporte rien avec moi, j'ai donné mon corps qui s'est usé au contact de mes outils ; les miens en trouveront des

1. Piquet de vigne.

lambeaux accrochés aux charrues, aux pioches, aux truelles, aux voitures dont j'ai fait chanter les roues, bien souvent, aux pressoirs, aux cuves. Je vais demeurer parmi eux, incrusté dans les objets ; j'imbibe les meubles que j'ai assemblés et que je leur laisse et, dans le ciment qui scelle les pierres de ma maison, il y aura encore de moi. De moi partout, de moi toujours. Il y aura des parcelles de moi, aussi, dans la terre des labours qui nourrit les moissons, de sorte que dans le grain il y aura de moi, et par suite, dans le pain qu'ils mangeront, je leur dispenserai encore la vie, me mêlant chaque jour au sang que je leur ai donné, et si j'ai planté une vigne, c'est pour être dans leur vin. »

Le Pépère Antoine sent ses forces tomber et sa tête s'alourdir. Il pense toujours, il murmure : « Et dans les bois communaux, sur les souches, on pourrait voir les gouttes de ma sueur : les soirs d'hiver, donc, je les chaufferai encore, lorsque les bûches s'enflammeront et distilleront de moi dans leur fumée. Ainsi, je pense quelquefois que ce sont eux qui m'ont usé, en somme, qui m'ont vieilli et que ce sont eux qui me tuent, et cela me fait comme un baume sur le cœur. »

L'air est bien doux et la campagne se dore au soleil ; au fond du val, un petit ruisseau, où le Pépère Antoine avait jadis fait bien des escapades, brille, par endroits ; on dirait que sa gaieté d'enfant coule encore sur les petits cailloux.

Puis il pense à ses sculptures et son cœur bat plus vite, mais les paroles lui manquent : « Mon âme habite en chacune d'elles », dit-il simplement, mais il y a un frémissement dans tout son être, car il sait bien que son talent ne sera pas perdu, qu'il le transmet, tout chaud, à sa descendance et qu'un jour il renaîtra, nouveau, mystérieux toujours, véritable privilège et, sans le connaître, il se prend à chérir à l'avance celui qui en bénéficiera.

Ainsi, ayant fait l'inventaire de son superbe héritage, il

connaît un grand calme et il en remercie Dieu. Il dit, pour finir : « Je crois que l'on vieillit au fur et à mesure que l'on donne de soi et qu'on meurt lorsqu'on a tout donné. C'est à force d'avoir laissé de moi partout qu'il ne me reste plus rien. C'est ainsi que l'on dit que la plénitude sacrée des temps est accomplie. »

Il soupire, il est rempli d'une espèce de joie comme celle qu'il a ressentie après sa communion pascale, puis il s'affale, à la renverse, dans l'herbe ; ses lèvres sont pâles, son teint est rose ; autour de ses yeux la peau est plissée en de multiples rides diaphanes comme de la cire vierge.

Le soir, des hommes qui reviennent de piocher les betteraves trouvent le Pépère Antoine couché sous son tilleul qui sent si bon : il est mort, face à la vallée où s'étalent ses terres, un morceau de bois sculpté entre les mains.

Quelques semaines après la mort du Pépère Antoine on partagea ses biens, puis les enfants retournèrent à leur travail, aux quatre coins de la vallée ; chacun avait comme un trou dans la poitrine et, malgré qu'il fît beau, ils voyaient tout en gris, car un grand malheur leur était arrivé. Ils savaient bien, tous, que le père devait mourir un jour et que ses joues rouges devaient s'éteindre et devenir blanches comme sa barbe, mais chaque jour cette date fatidique semblait repoussée, si bien qu'ils s'étaient accoutumés à le voir, toujours chantant, assis devant la porte ou courant encore les pâtures, pour compter les bêtes.

Voilà donc qu'il était mort, cependant ; morte cette silhouette énorme qui symbolisait, pour toute la famille, le vieux temps, les vertus de la race, la fidélité aux principes, morte cette défroque de velours qu'il portait de plus en plus, vers la fin surtout, afin de l'user avant de l'emmener dans la tombe, morte cette voix superbe qui jaillissait de la barbe, toute veloutée, magiquement sonore, tendre et autoritaire, et la canne qu'il avait taillée dans un houx de friches était posée, comme une relique usée, dans un coin, terne désormais car aucune main ne la maniait.

Les fils et les gendres s'en retournaient donc à leurs affaires, enrichis par cette mort ; le Jean-Baptiste, le benjamin, héritait les « Hautes-Terres », le coin qui avait le plus de valeur dans tout le canton. Le Jean-Baptiste était heureux de son héritage : bien que, depuis longtemps, il eût été assuré d'en devenir le propriétaire, il pensait qu'il était bon de recueillir ainsi des bonnes terres, alors qu'il atteignait la cinquantaine et que les filles, déjà grandettes, allaient être recherchées en mariage.

Il montait donc le chemin des Gruchottes ; la moisson venait d'être rentrée ; les joues de la terre hérissaient le mauvais poil de leur chaume et cela sentait la paille chaude, retirée dans l'après-midi. Les bosses des emblavures, couchées l'une à côté de l'autre comme des tranches de melon, ressortaient, toutes nues, embaumées.

C'était les « Bas des Lurots », le seuil de la vallée, le bord arrondi de la cuvette où les céréales faisaient merveille. Le Jean-Baptiste montait toujours et, au fur et à mesure qu'il allait, bien lentement, son père sortait de sa pensée pour laisser la place à la vision colorée des « Hautes-Terres », son nouveau bien ; pourtant, lorsqu'il vit, sur le chemin vicinal, l'ombre noire d'une forme humaine, il s'arrêta, saisi de stupeur et, le frisson aux tempes, il dit : « Mon père ! »

Immobile, au coin d'un champ de trèfle, il demeura un bon moment, croyant voir venir le cher vieux. C'était un autre vieillard, portant, comme le Pépère Antoine, le costume du pays, cet uniforme noir, sévère et gai à la fois, tout simple, tout honnête.

Le Jean-Baptiste reprit sa marche, gonflé par un drôle de soupir qui sortit, par à-coups, comme un sanglot. Il marcha pendant une bonne heure, pour passer la montagne. Des gerbes, laissées en tas, faisaient sur les champs moissonnés comme des clous, plantés là pour retenir le drap fauve du terrain où des incrustations de soie verte se taillaient une petite part timide ; les forêts, les bosquets, bien feuillus, jetaient là-dessus des ombres bleues. Alors, près d'un gros chêne qui dominait le pays, sur le bord d'un petit bois, il se retourna, car il savait que, depuis là, entre les monticules du bois des Moures, il aurait une vue plongeante sur sa nouvelle propriété. En effet, par-dessus les dômes des grands arbres, dans le fond du vallon, il aperçut les terrains qu'il connaissait bien. On les voyait, de là, gros comme une pièce de vingt francs, et on aurait cru voir un vêtement bigarré d'Arlequin.

Il y avait les pièces jaunes des blés, les damiers roses des sainfoins, les verts clairs des betteraves, le gris des avoines, les fauves des jachères et, dominant le tout, au flanc des monts, les tapis immenses des pâtures. Tout cela brillait dans l'éloignement, flou, à côté des ombres brutales des forêts toutes proches, peuplées des silhouettes étranges des noyers. C'était tout inondé de lumière et de chaleur, cela respirait, comme un être vivant, à grands coups d'ondulations créées par le vent qui venait du Nivernais.

Parfois, un nuage plongeait toute la zone dans une ombre violette qui ressemblait à de l'eau profonde ; autour, la lumière éclatait, plus violente. Alors Jean-Baptiste se crispa, tant de souvenirs remontaient de ces bas-fonds jusqu'à lui. Tant de souvenirs escaladaient, après lui, la côte, pour le rattraper sous son chêne et l'assaillir. Il pensait aux fauchaisons qu'il avait faites, là-bas, avec son père. Il se souvenait des travaux si pénibles sous les ordres du vieux qui était dur pour les autres comme pour lui-même, et là-bas, sous un buisson qui retombe sur le ruisseau, ils avaient, ensemble, fait des siestes et des collations inoubliables, à l'abri des taons.

Il murmurait : « Pauvre vieux ! »

Mais déjà il découpait, par la pensée, ses nouvelles propriétés, il supputa ses gains : ici du blé, là des pommes de terre. Il se sentait plus riche, bien calé sur son héritage, heureux d'être à son tour fixé à jamais dans ces parages où, depuis toujours, sa famille avait vécu.

Toutes ces sensations étouffaient ses sentiments et son chagrin. Ces propriétés, en somme, n'étaient pas des souvenirs, c'étaient des capitaux qu'il fallait, coûte que coûte, faire valoir.

Il est courbé sur ce panorama, le Jean-Baptiste, courbé comme sur un balcon qui domine une rue. Il se sent tout troublé. Il comprend que la mort du père le fait riche, il hésite entre le chagrin et la joie, son regard flâne sur les chemins qu'il connaît bien, partout il revoit la silhouette, cette silhouette silencieusement et solidement aimée.

« Pauvre vieux ! » Puis, comme ses yeux se portent sur les emblavures opulentes, il se surprend à sourire, mais il se reprend : « Pauvre vieux ! »

Il ne sait plus où il est. Pour l'instant, sur l'écran de ce coin de pays entrevu entre deux montagnes, il lit sa jeunesse qui s'y est inscrite, dans tous les sentiers, dans toutes les parcelles ; puis voici qu'il se frotte les mains comme s'il venait de faire une bonne affaire. Quelque chose l'attire, là-bas. Mais il ne sait pas si c'est l'attrait de sa nouvelle richesse ou le souvenir des temps révolus, ou bien encore autre chose, et sa pensée trébuche dans ces pensées, toutes molles, qui l'enlacent.

Il sent le soir qui tombe autour de lui, rose au couchant, vert au zénith, bleu sur le bord des montagnes ; cependant, il reste à son observatoire, il dévore des yeux le spectacle merveilleux, il est ébloui, il admire la création. Il oublie l'heure, il oublie son deuil récent, si pénible pourtant, mais qu'il considère comme inévitable. Lorsqu'il se réveille de cette torpeur, c'est pour penser quand même et toujours au Père ; on dirait qu'avec les brumes du soir l'âme du vieux, comme il l'avait dit, s'exhale du sol, car elle imbibe la terre, et un petit peu de lui est resté incorporé à la matière, partout.

Jean-Baptiste pense à cette grande âme qui embrassait, dans son amour, tous les êtres qui l'approchaient ; il pense à cet esprit d'une si grande envergure qu'il pouvait aborder simplement tous les sujets sans marquer la moindre ignorance ; il pense à cette épaisse et robuste intelligence qui s'entendait aussi bien à l'assolement de ses champs qu'à la lecture passionnée des grands auteurs, chez lesquels il trouvait, probablement, une nourriture à sa convenance. Le Jean-Baptiste pense aussi à tous ces conseils qu'il distribuait, comme un semeur disperse le grain, généreusement et, dans ses moindres paroles, on devinait son souci de rester en règle avec l'Évangile et les Commandements, qu'il récitait avec les petits, lorsqu'ils apprenaient leur catéchisme.

D'un regard, avant de partir, car le soir baisse, il embrasse l'ensemble de ces terres sacrées, il hésite à partir car, au tournant du bois, après la clairière, c'est la dégringolade sur le versant de la Brenne où brille l'étang de Grosbois ; il sait que, s'il fait un pas dans cette direction, il ne verra plus les lieux qu'il aime. Jamais il n'a senti, comme cela, qu'il était attaché à cette portion de Morvan dont les eaux coulent vers le sud. Maintenant seulement il le sent.

Lorsqu'il passe la ligne de partage des eaux, sur le sommet dénudé, son cœur se fend, il se sent tout petit enfant, orphelin à jamais ; désormais le chef responsable de sa famille ; l'appui solide du vieux Père lui manque, ainsi que sa présence. Il marche résolument, remontant vers le nord-ouest, coupant, sans erreur, au travers des chaumes qui occupent cette part de plateau ; à gauche, la falaise tombe à pic, sur les herbages ; il est triste, un peu désemparé. Alors, machinalement, il met la main dans sa poche et il sent quelque chose qui roule sous ses doigts, un objet long, rugueux, et le voilà qui s'arrête.

Il rougit violemment, il a de la peine à respirer, il sort l'objet de sa poche et le regarde : c'est une statuette en bois, un de ces brimborions d'étagère dont le père encombrait tous les meubles, et qu'il sculptait aux heures de loisir, comme au temps où il était berger ; c'est l'image de saint Thibaut, le patron du village natal. C'est grossier, mais puissant, solide, plein de sève campagnarde, tout modelé de plis, de plis profonds et souples, c'est savoureux et plein de vie. Alors le Jean-Baptiste prend la statue dans ses deux grosses mains, dont il fait une petite niche où le saint se loge sur mesure, et de cette œuvre sort comme la chaleur d'une présence.

Le Jean-Baptiste ne rit plus de ces figurines bien naïves, non, il pleure un peu ; il se félicite d'avoir pris celle-ci, sur la commode ; il est heureux d'emporter ça chez lui, car il devine que son père était un grand artiste, un artiste pur, et il comprend que c'était, en somme, ce qui lui donnait tant de pouvoir sur les cœurs. Jean-Baptiste sent que, derrière le beau paysan, à l'esprit juste et au cœur droit, il y avait un passionné, un rêveur. C'était ce deuxième et mystérieux personnage qui avait l'envergure, le coup d'aile, et, sous l'écorce rustique, au-delà de cette vie de labeur bien fait, de vertu fidèle, le Jean-Baptiste est tout près de comprendre qu'il y avait du génie.

Devant le cultivateur, Jean-Baptiste est plein d'admiration, mais devant l'artiste, il tremble, il est troublé car il y a, dans ce père qu'il pleure, quelque chose d'insaisissable pour lui. Une partie de cette grande âme flotte dans une zone inaccessible. Déjà, dans son souvenir, le vieux prend une couleur de légende.

Maintenant, il reprend son chemin sans se retourner : là-bas, il laisse des terres que le disparu a mis en valeur avec persévérance, mais il tient, dans sa poche, un petit rien qui renferme la flamme qui réchauffe tout. Le soir doré tombe sur le chant des grillons, c'est le moment humide et frais où la nature sent le champignon et la mousse, où les bêtes, dans les pâturages, meuglent obstinément, le mufle tendu vers le village, par-dessus les haies vives.

Le Jean-Baptiste est bientôt arrivé au village ; il est passé par les raccourcis qui, grâce aux portillons des clôtures, gagnent une bonne demi-heure sur le parcours normal. De loin, il a vu sa lumière ; il s'est hâté pour raconter la bonne nouvelle ; les chiens l'ont reconnu et sont venus au-devant de lui ; ils lui ont léché les mains et sauté au visage ; plus près des granges, il a vu les commis qui rentraient le dernier chariot de sa moisson ; au faîte du chargement un rameau vert tanguait joyeusement, signalant à tous la fin des récoltes. Les voitures passaient devant le patron, en grinçant de leurs quatre roues.

Il est entré dans la salle où les femmes préparaient le repas. Il a embrassé son épouse, machinalement, et aussi chacune de ses filles, et a gardé le meilleur de sa tendresse pour le petit Antoine, le filleul du vieux grand-père, dont il porte le nom : l'héritier, le seul mâle de sa descendance. Lorsqu'il se fut assis, devant son verre de vin gris, la femme demanda :

« Alors ?

– Alors ? » répéta Jean-Baptiste.

Avant de tout dire, il essuya sa moustache longue et sourit, largement, pour les faire attendre, afin de rendre la surprise plus bienfaisante.

« Alors ? dit-il enfin, eh bien, j'ai les Hautes-Terres. »

On entendit un soupir d'aise.

« Allons, dit la femme, voilà du bon travail.

– Oui, reprit Jean, mes frères ont été bien arrangeants et la Marie aussi ! »

– Ce sont de braves gens », répondit la mère.

Puis ce fut un beau bavardage. Cela faisait du bien à toute la famille de savoir que les « Hautes-Terres » faisaient partie du patrimoine, il y eut, dans la salle, comme une petite fête. Les valets arrivaient, on leur offrait un verre de bon vin, tout de suite, avant la soupe, et on ne parla pas de servir de la piquette pendant le repas. Qui donc, à cette heure, aurait pensé au Pépère Antoine ?

Tout à coup, le Jean-Baptiste sentit la statue, dans sa poche, sur sa cuisse courbaturée par la marche. Il la sortit alors, lentement, et drôlement ému, il la montra : « Tiens, j'ai rapporté ça aussi, les frères et la Marie ont gardé les autres. »

La femme, toute sensible, malgré son allure de matrone, prit doucement le morceau de bois, elle l'éleva à la hauteur de ses yeux sous la lumière. Le silence, tout doucement, s'était fait, les grillons chantaient, sur le seuil, et on n'entendait plus qu'eux. La mère prononça : « T'as ben fait de nous rapporter ça. » Elle passa son doigt dans les plis de la robe, sur le visage du saint, elle le retourna dans ses grosses mains rouges, puis, comme sa lèvre commençait à trembler, on l'entendit murmurer : « Pauvre vieux, va ! »

Elle souleva le globe de verre qui, depuis un quart de

siècle, protégeait la couronne de mariée, elle installa, près de la fleur d'oranger, cette chère petite relique et, après avoir replacé le globe, recula de quelques pas et admira; un sourire magnifique flottait sur ses lèvres. Il y eut un instant de silence, on aurait dit que chacun se recueillait et priait, puis le repas commença.

Bientôt personne ne pensa plus au saint; seul, le petit Antoine, assis en face, le regardait avidement, avec une lumière étonnante dans les yeux.

Sous le globe s'est réfugié le souvenir du Pépère Antoine. Comme d'un tabernacle, une grâce s'échappe de ce coin de salle où dort saint Thibaut. Mais chacun est bien convaincu qu'avec le saint autre chose s'est endormi, quelque chose qui ne se réveille que rarement, pour des êtres privilégiés, au gré de la volonté toute-puissante : avec le saint, dort un talent qui repose à côté de la couronne de mariée.

Petit à petit, le saint devient chose familière; il assiste à tous les repas, rigide, bien drapé dans son grand vêtement de bois; les travaux se succèdent, sous le lourd soleil d'août, et chacun sombre dans la somnolence, et lorsque le Jean-Baptiste est étendu sur le lit, un jour, à midi, et que le silence écrase la ferme, il voit entrer le petit Antoine qui se glisse vers la commode. Jean-Baptiste respire lentement, sans bouger.

Le petit Antoine est maintenant devant le globe et se dresse sur la pointe des pieds pour voir le saint; mais il se trouve encore trop loin de la statue, il approche donc un escabeau et monte debout sur le siège. Les deux mains appuyées au meuble, il regarde avec attention. Il fait mieux que cela : il admire. Cela se voit à son regard brûlant.

Jean-Baptiste est étonné.

Le garçon reste là, debout sur l'escabeau, et cela dure si longtemps que le Jean-Baptiste est ému. Il ne comprend pas très bien. Les larmes lui viennent aux yeux, car il pense : Comme il aimait son grand-père, ce petiot !

Puis le petit Antoine descend de son escabeau, il le cale sous la table, là où il l'a pris, et s'en va. C'est l'heure, pour lui, d'aller tenir compagnie au berger.

Il monte alors la venelle où, dans leur papier vert, blanchissent les noisettes. Il passe le ruisseau où les araignées d'eau avancent, par bonds, puis, sous le grand soleil, il traverse les endroits dénudés. Il va d'îlot sombre en îlot d'ombre et il pense. Ah, s'il pouvait sculpter comme le pépère ! Sculpter des personnages bien ronds, bien épais, solides comme des paysans ! S'il pouvait donc, lui aussi, transformer un madrier en une belle dame, ou en un saint, comme il y en a une foule, dans son esprit, avec des vêtements extraordinaires, des personnages qui ne vivent que dans l'histoire sainte et qu'on retrouve aux chapiteaux des églises ; s'il pouvait donner une forme à son rêve, son rêve beau et vaste comme le monde !

Il pense que cela doit être bien difficile et que jamais, jamais il ne saura donner des belles allures à tout ce monde, ni modeler un visage, ni avancer une main, une belle main osseuse comme celles du Pépère Antoine. Il se dit que, peut-être, le premier pas, seul, coûte et que son instinct lui dirait le bois qu'il doit choisir et la marche qu'il doit suivre.

Il revoit alors son saint Thibaut. Il pense aussi aux autres statuettes que ses oncles, ses tantes et ses cousins ont gardées, et il les voudrait toutes pour lui, pour les palper, les admirer, les caresser et surtout pour lire, à leur surface tourmentée, l'habileté et le talent du Pépère Antoine, car, pense-t-il, on lit là-dessus mieux que dans un livre.

Il monte toujours ; il est jaloux de ses cousins qui ont gardé près d'eux toutes les bonnes vierges, aux grosses joues, tous les saints, les apôtres, de tout bois et de toute taille, que le Pépère a façonnés. C'est lui qui devrait posséder cela, lui qui se sent l'héritier vibrant du sculpteur, lui qui fidèlement a recueilli ce legs inestimable...

Il ramasse un mauvais morceau de bois qui gît sur le chemin, tout chaud de soleil, mais sans vie, il s'assied à l'ombre d'un sapin et le voilà qui taille, qui coupe cette chair morte et en extrait un tas de petits copeaux et, habilement ménagée, une silhouette se dessine.

Dans l'esprit du petit Antoine, ce sera une vierge, une belle dame qui tient, sur sa hanche tendue, un petit enfant qui sera Jésus ; il lui mettra des plis, beaucoup de plis dans la robe et une belle couronne sur la tête ; ce qu'il entrevoit est beau, il voudrait pouvoir le reproduire et il transpire, ses mains tremblent un peu, son sang bat à grands coups, il a la fièvre, et le temps passe, le vent chaud du sud fait comme des vagues dans les grandes herbes, et le petit Antoine qui, jamais, n'apprit à sculpter, transcrit fiévreusement, dans un bois mort, son rêve tout chaud, tout vibrant, vaste et beau comme le monde.

La visite

C'est alors qu'une âme vint frapper à la porte. C'était l'âme d'un jeune homme.

Le père se leva, mais la mère devint toute tremblante, car elle sentait que ce visiteur était un être qui la ferait souffrir plus tard, en quelque sorte.

L'Innocent parut sortir de son hébétement et regarda du côté de la porte, la bouche ouverte, les yeux humides. Jeannette, au fond de son petit lit, soupira et se remua longuement, comme dans un cauchemar.

Le père retira la lourde traverse qui retenait le battant de la porte et ouvrit. Du dehors, il vint un coup de bise et quelques feuilles mortes. Puis, en retrait du seuil, on devina une ombre dans l'obscurité ; cette ombre se précisa et se présenta en pleine lumière.

Une voix dit : « Bonsoir ! »

Le père ne distinguait encore rien, il répondit quand même « Bonsoir ! » puis : « Qui êtes-vous ? »

Celui qui, lentement, entrait répondit : « Je suis l'âme de celui qui, un jour, épousera Jeannette.

– Ah ! fort bien, répondit le père, troublé. Entrez, je vous prie, vous êtes le bienvenu. »

Le chien, alors, cessa de gronder, Jeannette sourit dans

son sommeil, l'Innocent reprit son air stupide et la mère étouffa un sanglot.

Le vieux père souriait niaisement, il aurait voulu exulter ; souvent il avait imaginé cette rencontre, il avait préparé des phrases, des attitudes, car, pour le fiancé de sa Jeannette, la toute petite, il voulait être rond en affaires et poli. Il désirait mettre le jeune homme à son aise, afin que celui-ci, en sortant, dît : « Voilà une bonne maison, j'ai bien fait d'y choisir ma femme. »

Et maintenant, il ne trouvait rien à dire. On ne peut s'imaginer comme sa gorge était serrée et comme sa salive était épaisse.

La mère était impénétrable. Elle ne put rien dire, elle avança une chaise. Elle voulut prononcer : Asseyez-vous, mais ses lèvres seules remuèrent, aucun son ne sortit de sa bouche, et le père la regarda. Pour briser le silence, il dit, en riant bruyamment : « Hein, la mère, voilà une surprise ! »

L'âme du jeune homme ne parlait toujours pas, et pendant que l'Innocent taillait un morceau de bois, ils eurent tous la même pensée et ils regardèrent le lit d'enfant. Une voix murmura : « Jeannette ! »

C'était le nom qui les obsédait tous, autour duquel se cristallisaient les pensées, mais personne ne sut qui avait prononcé ces syllabes. Oh ! comme cette atmosphère était bizarre, faite de mystérieux frémissements et d'extraordinaire inquiétude.

L'âme murmura : « Elle est belle. »

Machinalement, le père répondit : « Bien sûr ! » car il n'avait jamais soupçonné qu'on pût ne pas la trouver belle. Pendant que l'âme du jeune homme souriait à l'enfant endormie, le père cherchait à bien fixer dans sa mémoire les traits de ce jeune homme, mais, dans l'ombre de l'alcôve, il ne discernait rien. Était-il malingre ? Était-il fort ? Était-il grand ? Était-il petit ?

Parfois son ombre, sur le mur, grandissait, grandissait et faisait peur, parfois elle devenait diaphane et minuscule comme celle d'un de ces papillons qui tournoient autour des lampes, aux soirs d'automne.

Le chien, pendant ce temps, s'étirait devant le foyer, en bâillant.

Puis, comme ils s'étaient levés tous trois pour aller voir sourire Jeannette, ils revinrent s'asseoir près de la table ; les casseroles pendues au mur brillaient dans la demi-obscurité. Et personne n'avait encore dit un mot sensé.

Enfin, le père qui avait préparé de si belles phrases, demanda brusquement à l'âme du jeune homme : « Êtes-vous riche ? »

À ce moment, Jeannette eut un soupir rauque comme quelqu'un qui souffre et se mit à gesticuler dans son rêve.

Ils se levèrent tous trois, s'approchèrent de nouveau du lit, inquiets. Mais l'enfant était maintenant calme et souriante.

Ils revinrent à leurs sièges.

L'âme du jeune homme répondit : « Je possède d'incommensurables richesses. Lorsque vous serez demain au labour, arrêtez votre attelage et regardez par-delà les vallées, jusqu'aux montagnes lointaines et jusqu'à la limite du firmament. Eh bien ! jusqu'à l'horizon, les terres, les vallons, les arbres m'appartiennent. Tout ce qui est visible est à moi.

– Je ne puis vous croire, reprit le père, surpris, car je connais par leur nom les propriétaires de chaque terre, de chaque pré, de chaque arbre ; pourquoi osez-vous dire que tout cela est à vous ?

– Ces choses m'appartiennent comme à vous-même », répondit l'âme du jeune homme.

Le père ne comprenait pas, mais il ne voulait pas choquer ce visiteur d'une si haute qualité, donc il sourit d'un air entendu, comme s'il se fût agi d'un marché entre lui et un fermier voisin ; puis, profondément joyeux, il chercha dans son esprit ce qu'il serait convenable d'offrir à ce jeune homme : il alla donc choisir la bouteille de marc et ses trois verres. Lorsqu'il fut dans l'obscurité humide du cellier, il entendit la mère anxieuse, hésitante, qui, à son tour, osait demander : « Êtes-vous bien portant ? »

Le jeune homme ne fut pas embarrassé pour répondre, il dit : « Demain, alors que vous irez à l'office, arrêtez-vous dans le chemin et imaginez la succession des jours, des mois, des ans, des siècles, jusqu'à ce que votre esprit tourbillonne. Au-delà de ce moment que vous pourrez à peine évoquer, je vous affirme que je vivrai encore.

– Comment vous croirai-je, dit la vieille mère, il faudrait que vous fussiez Dieu en personne pour vivre ainsi éternellement !

– Je vivrai cependant comme vous-même », dit l'âme du jeune homme.

La mère ne saisit pas, mais elle reprit, pressée de savoir, car elle sentait que déjà l'âme du jeune homme allait se retirer et partir dans la nuit : « Avez-vous des frères, des sœurs ? »

Il répondit en souriant : « Lorsque vous irez à la foire, regardez bien ceux que vous rencontrerez au long de la route, sur le champ de foire, dans les auberges, et aussi ceux avec qui vous ferez le chemin du retour. Regardez-les bien et renseignez-vous, étudiez-les, ne les quittez pas avant d'avoir trouvé leur cœur, car tous ceux-là que vous verrez, ce sont mes frères et mes sœurs. »

Les deux époux dirent, outrés : « Nous connaissons une grande partie de ces gens que nous rencontrerons à la foire et nous savons qu'ils n'ont pas un frère susceptible d'épouser Jeannette ; pourquoi dites-vous donc qu'ils sont vos frères et vos sœurs ? »

L'Innocent, souriant, avait pris la main de l'inconnu. Celui-ci dit simplement : « Ils sont mes frères et mes sœurs comme ils sont les vôtres. »

La mère ne comprit pas.

L'Innocent battit des mains. Il s'était approché de la longue table de ferme, il s'y était accoudé et buvait les paroles du fiancé. De sa bouche édentée, jamais deux mots sensés n'étaient sortis, mais il prononça cependant : « Êtes-vous bon ? »

Et un merveilleux silence s'établit.

Puis, l'âme du jeune homme répondit : « Je ne sais si je le suis, mais j'ai parfois dans l'âme une telle exigence de perfection et d'idéal que je n'arrive pas à me faire comprendre. »

Jeannette souriait dans son sommeil.

Et la mère demanda enfin : « Aurez-vous un bon métier pour nourrir Jeannette et votre famille ? »

Le jeune homme répondit sans hésiter, comme si toutes ses réponses avaient été apprises auparavant : « J'aurai le métier de mon père. C'est la coutume, dans notre dynastie, de succéder au père, sans chercher orgueilleusement à rompre les traditions. »

Il s'arrêta... Ils allaient encore le presser de questions, mais il se leva, laissant plein son verre, et partit en disant simplement un gracieux et doux : « Bonsoir ! »

Lorsqu'il fut sur le seuil et que tous trois le regardèrent, bouche bée, sans penser à faire un pas pour le retenir, il se retourna, recevant la lumière en plein visage, et ils reconnurent le jeune fils du « preneur de vipères » qui, sauvage et original, passait, dans le pays, pour être un peu simple, car on le voyait parler aux animaux.

Puis tout disparut.

Le père enfin se leva, tout ému, pour remettre la lourde traverse sur ses crochets. Puis il revint et, avec sa femme, se rendit machinalement auprès du lit, presque encore un berceau. La mère ne pouvait supporter qu'un jour Jeannette pût devenir la femme d'un « preneur de vipères », d'un de ces hommes qui passent, un peu effrayants, le long des murées, et qui, leur récolte faite, « montrent » leurs bêtes dans les cafés avant de les porter à la mairie, et vont jusqu'à les mettre dans leur bouche pour gagner de l'argent.

Elle frissonna et expliqua tout cela à son époux qui pleurait doucement. Il lui répondit en suivant le fil de ses pensées :

« C'est pourtant vrai qu'un jour " elle " nous quittera.

– Oui, reprit la femme sèchement, mais pas pour aller vivre avec ce fou, ce bohémien ! »

Mais le père, qui venait de comprendre, répondit :

« Pourquoi pas, si Dieu a dit qu'il en serait ainsi ? »

Le braconnier

« Il y aura toujours de la solitude, sur terre, pour ceux qui en seront dignes. »
VILLIERS DE L'ISLE-ADAM

Au petit jour, les deux frères Clémencet furent réveillés par le concert que donnaient leurs chiens dans le réduit où ils les enfermaient ; les bêtes, surexcitées par une cause mystérieuse, hurlaient comme savent le faire les bons chiens courants.

Ces cris peuvent, dans la nuit, paraître lugubres à ceux qui ne connaissent pas la chasse, mais lorsqu'on a suivi de longues menées dans les vallées boisées, ou au flanc des côtes, dans les coupes en pente, ce concert vous remue le cœur et vous rend fou.

Si les chiens des frères Clémencet « chantaient » ainsi dans leur chenil, c'était, sans aucun doute, parce qu'ils avaient entendu, dans le calme murmure de la nuit, du côté du village invisible profondément enfoui dans la vallée, le bruit spécial et excitant d'un départ de chasse.

Là-bas, dans les ruelles du petit bourg, une meute, tirant sur la laisse, montait Les Moncereaux, suivie d'un groupe de chasseurs, et ces bruits, à cette distance, n'étaient perceptibles qu'à l'oreille velue des corniauds attentifs. Prisonniers dans un chenil empuanti, ils répondaient à leurs frères lointains, et la nostalgie des débuchés les faisait pleurer ainsi.

Lorsqu'ils se taisaient, on n'entendait plus rien, sinon un

roulement lointain et très doux : c'était le bruit, amplifié par l'écho, de la vanne du moulin de la Serrée.

« Le Rouge », le cadet des frères Clémencet, ainsi nommé à cause de sa chevelure rousse et hirsute, se leva brusquement sur son séant et écouta : « Çà ? » dit-il.

Puis, sortant du lit ses longues jambes maigres et poilues, il se dressa sans bruit sur le sol dallé et se dirigea vers la porte qu'il ouvrit. On le vit se dessiner dans l'ouverture, avec sa chemise aux pans inégaux, sur le fond bleuâtre de la montagne d'en face. Insensible à la brise fraîche, qui arrachait des lambeaux à la brume de la vallée pour les accrocher aux flancs des combes, il écouta, immobile, après avoir fait taire ses bêtes. Au concert des chiens succédait celui du silence auquel, petit à petit, les oreilles du Rouge s'accoutumèrent. Enfin, comme les cimes bourguignonnes émergeaient du brouillard, un murmure imperceptible se dégagea du silence infini : c'étaient des plaintes, ponctuées de cris plus brefs.

Le Rouge entendait tout cela. Depuis trente ans, il vivait de ce bruit-là. Il attendit néanmoins pour savoir de quel côté les chasseurs se dirigeaient. Il reconnut bientôt la voix d'une petite chienne qu'il avait vendue l'année précédente au régisseur du château. Il se retourna vivement ; ce bruit lui avait suffi : il savait. Il ferma la porte, enfila son lourd pantalon de velours et se baissa pour prévenir son frère, étendu sur sa paillasse, mais celui-ci était déjà éveillé et avait tout entendu.

« Qui est-ce ? demanda-t-il.

– C'est le marquis, répondit le Rouge.

– Veine ! »

L'autre se leva ; il trouva, dans l'obscurité, ses vêtements épars sur le sol et se vêtit pendant que le Rouge tirait du garde-manger, pendu à une solive, un fromage et une miche enveloppée d'un mouchoir ; ils taillèrent deux tranches de pain ainsi que deux morceaux de fromage. Le frère aîné, que l'on surnommait « le Noir » à cause de son teint bilieux et de sa barbe sale, prit une gourde et l'enfouit dans sa poche et, sans qu'un bruit n'eût décelé ce départ matinal, ils sortirent, laissant les chiens continuer leur concert dans le chenil.

La porte de la maisonnette resta entrouverte.

Rien ne pouvait laisser supposer que les deux frères Clémencet fussent partis.

***

Sur le terre-plein qui dominait le toit de leur maisonnette, ils s'arrêtèrent, en observation, écoutant, percevant le moindre bruit et l'interprétant avec leur science des choses de la chasse.

Lorsqu'ils eurent humé l'air frais, comme les chiens reniflent le vent, le Rouge dit : « Au Tuet. » Cela signifiait : ils vont chasser dans le Moutot, allons nous poster au bois du Tuet [1]. Ainsi, se livrant voluptueusement à leur passion, ils entendaient profiter de la chasse des autres.

Ils passèrent dans les hautes herbes sèches d'où émergeaient les yoles [2] couronnées de leurs baies violettes, ils longèrent l'orée du bois qui escalade le Grand Moutot, pataugèrent un instant dans la marne schisteuse d'une « mouille » où il fait bon attendre la bécasse, cachés dans l'enchevêtrement des arbres morts. Ils entendaient, derrière eux, les cris de leurs chiens, et ils souriaient en admirant leurs belles voix.

« Quel raffut ! » dit le Rouge avec une réelle fierté.

L'autre lui répondit par un claquement sec de la langue.

Enfin, ils arrivèrent dans un col étroit, très boisé,

1. Orthographié « Thueyts » sur la carte d'état-major.
2. Sureau.

dominé par des roches minuscules qui blanchissaient dans l'aube, laiteuses, régulières, comme des dents de renard. Le Noir s'arrêta et se mit à manger lentement son pain et son fromage. Il avait dissimulé son fusil dans une cépée de hêtres à l'écorce blanche et lisse et, debout, les jambes écartées, le ventre en avant, attendait, silencieux, découpant minutieusement son pain en petits cubes avant de le manger ; il était calme comme un fermier au coin de son feu.

Pendant ce temps, le cadet gravissait le versant sous les taillis, où dormaient les vipères, et, se hissant sur les roches, domina une grande partie de la région qui, petit à petit, se libérait de la nuit. Son regard parcourut l'horizon, autant pour admirer une fois de plus l'étendue grandiose et tourmentée de « ses » forêts que pour s'assurer qu'ils n'étaient pas devancés par quelques gêneurs.

La nuit était encore comme un velours bleu. Au loin, plusieurs lignes de montagnes se superposaient, limitant l'horizon, toutes couvertes de futaies. Entre cet écran et la chaume, plus proche, on devinait la vallée, profonde, inhabitée ; elle était masquée par un plateau exigu, couvert de buis et de pierrailles, et au-delà duquel s'amorçait la descente rapide sur les herbages qui, invisibles, exhalaient une brume ténue et subtile.

C'était un ensemble grandiose de bois et d'espaces blanchâtres de hautes friches où, seuls, quelques renards avaient tracé leurs petits chemins qu'ils parcouraient pour se rendre à la source, au ruisseau, dans les merveilleux sous-bois, près des fermes isolées, dans les vergers abandonnés où ils se gavent de fruits tombés, et enfin, quelquefois, tout au fond, vers les deux villages reliés par le ruban blanc de la route et d'où viennent les rumeurs tentantes des poulaillers.

Le braconnier attendait. Sa patience, son immobilité

étaient émouvantes ; on sentait en lui une volonté qu'aucune hâte imprudente ne mettait en défaut. Il était beau comme le chat sauvage à l'affût.

Bientôt, soit que l'aurore fût venue, soit que leurs yeux se fussent accoutumés à cette fraîche obscurité, ils virent les frondaisons sortir de la nuit ; une odeur merveilleuse erra dans la campagne et les échos de la chasse furent perceptibles du côté du sommet du col.

Le Noir prit alors lentement son fusil et le tint horizontal, en l'appuyant à la saignée du bras gauche replié, il ouvrit la culasse, choisit, dans sa poche, une cartouche de chevrotines et la poussa dans le canon luisant. Il savait, à la manière dont était menée la chasse, qu'un chevreuil allait bientôt paraître, car cette bête avait manœuvré, depuis le début, de façon à prendre une belle avance ; elle devait, fidèle à la tactique instinctive, descendre sur les deux braconniers, en trottinant, gracieuse et attentive.

Tout à coup, en effet, dorée par le soleil levant, lustrée et brillante, une chevrette au poil roux apparut dans le ravin, cambrée, nerveuse, sur ses fines pattes grises. Elle avait interrompu sa marche : les oreilles dressées, elle avait flairé la présence des deux frères, mais aveuglée par les rayons obliques du soleil levant, elle ne pouvait les voir dans leur taillis. Elle était donc à bonne portée, offrant son petit poitrail frémissant aux balles du braconnier.

Lentement, le Noir leva son arme et l'épaula en grimaçant, mais il ne tira pas car son frère venait de retenir son geste. Vexé, mais prudent, il s'immobilisa. Pour que le Rouge le retînt, il fallait qu'il eût une excellente raison.

En effet, il fit un geste voulant dire : Écoute ! Ils tendirent l'oreille.

Un pas s'approchait, pesant, dans un bruit d'herbes froissées, puis, sur l'espace jaunâtre de la friche située en contrebas, un homme apparut, à cent mètres à peine.

Le Noir eut le temps de décharger son fusil, de le démonter en ses deux parties essentielles, de dissimuler le canon dans une jambe de culotte et la crosse dans l'autre, par petits gestes gauches, mais précis ; et les deux frères s'immobilisèrent.

La chevrette s'était échappée, faisant une incroyable volte-face, bondissant ensuite à droite, à gauche, puis disparaissant dans la ramée.

Les hommes accoutumés à la solitude sont patients.

Sans un geste de dépit, les deux frères attendirent, calmes, en observant l'intrus qui avançait à grands pas. Ils ne purent distinguer ses traits, sa silhouette même leur était inconnue.

Il montait, point noir sur les hautes herbes fauves, minuscule au centre de la nature mais gigantesque dans la solitude, observé par les deux frères, mais aussi par des milliers d'êtres qu'on devinait, retenant leur souffle, regardant avidement la progression insolite de l'homme. En effet, au fur et à mesure qu'il approchait, un silence s'établissait, et ce qu'avant on croyait être le silence n'était en réalité qu'un brouhaha confus, un tumulte discret, alors que ce silence-là était la parfaite immobilité des bruits.

Une bande de sansonnets s'enfuit de l'autre côté de la montagne, si bien que tout fut mystérieusement calme lorsque l'homme pénétra dans l'espèce de clairière que la chevrette venait de quitter. Il fit quelques pas encore, s'arrêta et tourna lentement sur lui-même. Il prit le temps de jouir du spectacle merveilleux qu'il avait devant les yeux ; il inspecta le hallier de chênes rabougris, de cornouillers et d'alisiers, à l'ombre duquel des sentes moussues se creusaient, abruptes, puis il s'étendit sur l'herbe nouvelle et humide et regarda le ciel.

Le Rouge interrogea le Noir du regard, non qu'il fût las de rester immobile, mais parce qu'il comprenait qu'il fallait en finir : mieux valait sortir franchement de la cachette et, le plus naturellement du monde, suivre la lisière du bois, passant ainsi non loin de l'étranger dont on ne distinguait plus que la coiffure, émergeant au-dessus des broussailles.

D'un pas lent, ils quittèrent la cépée et, les mains dans les poches, ils se dirigèrent de ce côté. Au bruit de leurs pas, l'homme se dressa sur son séant ; lorsque les braconniers passèrent près de lui, il se haussa davantage sur les coudes ; il leur apparut alors comme un homme jeune, maigre et vigoureux, plus svelte que mince ; lorsqu'il se leva, ils virent qu'il était de taille moyenne et qu'il semblait posséder, comme les paysans de la région, une ossature solide et saillante. La façon dont il était vêtu était cependant celle d'un citadin en excursion, il portait des guêtres brillantes et un veston de monsieur, bien tiré sur les reins et d'une jolie couleur grise.

Les frères Clémencet n'aimaient pas beaucoup voir monter, au cours des matinées de printemps, ces rares citadins, solides marcheurs, amateurs de solitude, qui venaient ainsi déranger leurs chasses, récolter leurs champignons ou troubler le silence de leurs montagnes. Cependant, ils n'en avaient jamais vu de si bizarre et, curieux comme tous les paysans qui vivent dans les fermes isolées ou dans les maisons forestières, ils le dévisagèrent, avides de savoir, mais soucieux de conserver un air d'indifférence.

Ils passaient donc près de lui, s'apprêtant à le saluer, lorsqu'il leur dit : « Bonjour ! »

D'une seule voix, étouffée par leurs moustaches tombantes d'Éduens, les deux frères répondirent : « Bonjour ! »

Le jeune homme sourit et dit simplement : « Je suis bien content de vous rencontrer ! »

Des échos de la chasse parvenaient aux oreilles des trois hommes ; les deux braconniers tendirent l'oreille et se turent.

Le jeune homme, qui écoutait aussi, leur dit : « Jolie, n'est-ce pas, cette fanfare dans la solitude ? »

Cependant, c'était d'une tout autre oreille que le Rouge et le Noir écoutaient le concert, c'est pourquoi ils jugèrent inutile de répondre.

Puis le bruit à nouveau s'apaisa et la conversation put continuer.

« Je suis très heureux de vous rencontrer », reprit le jeune homme qui se montra disposé à suivre les deux solitaires.

Il leur dit simplement, pour se présenter : « Je suis apprenti braconnier. »

Tout était calme, dans la chaume bordée de forêts, les divers plans de montagnes se superposaient, modelés par les rayons obliques du soleil. Il flottait, dans l'air, un ensemble de parfums, de bruissements, de couleurs légères qui, subtilement conjugués, animaient l'espace limpide.

« Je vous cherchais depuis bien longtemps, dit-il aux frères ; j'ai parcouru tous ces bois, toutes ces friches pour vous trouver. Voulez-vous être mes professeurs ? »

Quelque chose faisait de cet homme un être exceptionnel qui força la sympathie des sauvages, hirsutes comme des sangliers. La face des montagnes leur parut changée ; les deux braconniers furent, à partir de ce moment, engagés dans une histoire invraisemblable.

Ils dirent : « Venez avec nous ! »

Ils partirent donc tous trois, en se dandinant côte à côte, vers la maisonnette, où les chiens enfermés hurlaient d'ennui.

***

Et, à partir de ce jour, ce furent des chasses extraordinaires.

Lorsque les dernières neiges de printemps tombèrent, ils allèrent, fantômes gris dans l'aube froide, relever les traces diverses pour « reconnaître » les marcassins. L'apprenti braconnier suivait, muet, docile ; on sentait en son corps qu'un sang de maraudeur coulait. Il était fait pour la chasse et la vie inégale, fruste et rude. Il était le premier debout, ardent sur la piste, passionné dans ses recherches, prudent dans ses avances, et mystérieusement calme lorsque le gibier, surpris dans ses subtils détours, se livrait, tout proche ; il faisait feu rarement, parcimonieusement, à bon escient ; il avait beaucoup de volonté, laissant passer vingt fois l'occasion facile de tuer un gibier ridicule, pour avoir la volupté raffinée de réussir le coup de fusil acrobatique et rare, dans les plus parfaites conditions de sécurité pour lui et ses amis. Surtout, il laissait agir les deux moustachus, il les observait, paraissait rêver, respectant leur silence, comme eux respectaient sa discrète réserve, restant de longues heures accoudés sur la mousse pour observer l'entrée piétinée des terriers.

Un matin, au lieu d'aller lever les collets avec le Rouge, il le quitta lorsqu'ils passèrent sur le faux chemin qui conduisait à une coupe de trois ans. Il suivit les ornières luisantes taillées dans la glaise rouge, il se glissa dans le sentier de chèvre qui courait au flanc de la montagne, bordé d'ellébore et de gentiane courte et drue. Il ne revint que le soir, à la nuit, chargé d'un chevreuil dont les narines, humides de sang, semblaient encore frémir ; il le jeta sur la terre battue de la salle basse.

La bête était rousse, raidie par la mort froide qui l'avait surprise, elle était humide aussi, le cou allongé sur le sol. Le Noir se baissa lentement et caressa délicatement le petit cadavre depuis la nuque jusqu'à la croupe où sa main s'arrêta pour fourrager amoureusement dans le pelage.

« Un beau mâle », dit-il. Puis, regardant le jeune homme à la dérobée, il lui demanda en souriant : « Il était seul ?

– Non, dit l'apprenti braconnier, il y avait avec lui deux femelles.

– C'est du beau travail, murmura le Rouge, voilà trois mois que nous n'avions pas eu de chevreuil ; ils se font de plus en plus rares, c'est pourquoi on les vend bien. »

Le soir, pour fêter ce succès, il y eut fête à la maisonnette et l'eau de la source fut remplacée par du vin d'Arcenant.

De la bête, toujours étendue à terre, s'exhalait un parfum sauvage de feuilles pourries et d'entrailles encore tièdes ; ce fumet faisait hurler les chiens, et les hommes, enivrés par la joie puérile de boire et de manger mieux que de coutume, chantaient dans le flamboiement généreux du brasier qui dévorait des bûches vieilles de trois hivers.

***

Plusieurs fois, les deux vieux crurent même comprendre qu'il n'était pas là pour chasser, pour braconner, mais plutôt pour quelque chose de plus passionnant, de plus difficile encore. Parfois, il semblait accablé en regardant la campagne où verdissait le printemps. Il s'isolait, se vautrait sur les langues drues du chiendent, se faisait lécher par elles, puis, dans les places qu'il avait ainsi foulées largement de son corps étendu, il s'immobilisait pour rêver.

Un jour, alors que le garde-manger se trouvait vide et qu'ils devaient livrer deux lièvres à l'auberge où ripaillaient les conscrits, le Rouge lui dit : « Viens-tu avec moi ? »

Il lui disait cela pour l'éprouver car, depuis un certain temps, ils craignaient de donner asile à un malfaiteur fuyant la police en se dissimulant ainsi dans une région assez retirée.

L'apprenti braconnier répondit en riant : « Tiens, c'est une idée ! »

Ils se chargèrent de bissacs qu'ils fixèrent à leur épaule par des bretelles de toile ; le Rouge coucha les lièvres dans un lit d'herbe sèche et les enfouit dans sa besace, puis ils partirent tous trois.

C'était l'aube, ce printemps de la journée. Ils suivirent le faux chemin qui avait desservi une coupe. Ils y rencontrèrent des rejets vigoureux, des cépées envahissantes, des pousses nouvelles qui débordaient sur le passage. Une végétation surplombait les anciennes ornières, jadis luisantes du passage des larges roues, comblées par endroits de fagots écachés et meurtris par les charrois ; derrière les touffes bourrues de tilleuls et de petits hêtres, ils foulèrent des scilles fleuries de bleu, accrochées farouchement au sol de rocailles.

Le chemin descendait rapidement, tourmenté de mares ébouées [1] par le vent de mars et de rochers saillants qui le soulevaient, le torturaient, tantôt le rendant semblable à une voie romaine, dallée de calcaire, tantôt l'assimilant à un torrent desséché entre ses berges embaumées de violettes.

Enfin, plus bas, une colonie blanche de « jeannettes [2] » égayait chaque clairière et ils rencontrèrent les premiers champs, les labours récents, ceux que l'on nomme les « carêmes », séparés par des murées plantées de noyers.

Le Noir les quitta là pour aller relever ses collets, il se glissa dans une sente et disparut derrière un massif de sapins. Les deux autres continuèrent la descente merveilleuse vers les bruits du village ; des voix chantaient, on entendait des aciers de socs heurter des pierres et des harnachements se froisser sur le dos des bêtes ; puis le coq du

1. Vidées de leur boue.
2. Jeannette : renonculacée sauvage aux clochettes blanches.

clocher surgit d'un bouquet de marronniers verdissants et, au fur et à mesure qu'ils en approchaient, il s'élevait dans le ciel.

C'est alors que le Rouge escalada la clôture d'un verger et déposa son bissac dans la cabane qui y était construite. Après les scilles des combes de là-haut, après les « jeannettes » des clairières, c'était le triomphe des primevères, des coucous, que l'on écrasait du pied dans les prés.

Dans la grande rue du village, ils rencontrèrent les gendarmes en tournée. Le Rouge les salua, jovial et narquois.

« Bonjour le Rouge ! » répondit le brigadier qui s'arrêta pour lui serrer la main.

Ils dirent : « Beau temps !

– Diable, c'est la saison !

– Alors, reprit le gendarme, et les affaires ?

– Ça va, ça va, répondit le braconnier sincère. Brigadier, si vous veniez par là-haut ces temps-ci, vous feriez du beau travail ! »

Et ils rirent tous, mais les gendarmes riaient jaune, car ils n'avaient pu prendre les frères Clémencet qu'une seule fois, et encore dans des conditions bien particulières, mais ceci est une autre histoire que je raconterai en son temps.

Lorsqu'ils eurent quitté les gendarmes, dont les chevaux sabotaient alertement le chemin, ils entrèrent à l'auberge où s'éveillaient les feux de la cuisine.

Le Rouge cria : « Je t'ai amené ton bois, il est dans le bûcher ! » C'était la phrase convenue par laquelle il avisait l'aubergiste que la livraison du gibier était faite, dans la cabane du verger.

Les volailles s'ébrouaient dans des baquets à demi pleins d'eau, abandonnés près du seuil.

Souriant, l'apprenti braconnier observait tout cela ; après trois semaines de solitude dans la combe, il se trouvait ravi de passer devant les façades ensoleillées des maisons du village, de voir les chiens couchés au milieu du chemin et les draps blancs étendus flotter sur les haies de groseilliers. Mais, lorsque leurs achats de lard et de biscuits furent faits, il reprit avec joie le chemin du retour, au moment où le marguillier se mettait à tinter « l'Angélus du médio ».

Ils montèrent alors de leur pas large de marcheurs, sans échanger une seule parole, tout entiers livrés à leur conversation intérieure. Le calme de la nature débordait dans leur âme et la montée lente les séparait petit à petit de l'îlot de vie que formait, dans cet océan de prairies et de forêts, le village. Ils retournaient à l'infini, las déjà d'être endigués sur le chemin entre deux clôtures, fatigués de s'être sentis observés par les grand-mères, sur le seuil des portes.

Mais, au terme de leur retour, au dernier tournant du sentier, où la neige n'avait pas encore fini de fondre, avant la maisonnette, le Noir se dressa devant eux, la figure bouleversée, le regard honteux : « Monsieur, dit-il immédiatement à l'apprenti braconnier, monsieur, j'ai à vous parler sérieusement. »

Ils s'isolèrent, alors que le Rouge, indifférent, s'asseyait sur le talus sous un prunellier, ses chiens à ses côtés.

« Monsieur, reprit l'aîné, j'ai trouvé ça près de vos affaires. »

Il tendait une carte d'identité où on lisait : Marcellin Provost, contrôleur stagiaire des contributions indirectes.

« Eh bien ? dit le jeune homme en souriant.

– C'est bien à vous ? demanda le Noir.

– Bien sûr !

– Alors... maintenant que je sais..., murmura le Noir,... que je sais que vous êtes... dans l'administration...

– Vous me chassez ? dit le jeune contrôleur en riant.

– Non, ça non, bien sûr, mais comme vous êtes un peu de la police... c'est pas bien, non, c'est pas bien de nous espionner !

– Noir, gronda doucement le fonctionnaire, Noir, si tu savais, si tu savais !... »

Le Noir était honteux, mais résolu, cette sorte de mensonge lui avait déplu et, plus ferme, reprenant le tutoiement familier, il dit :

« Mais enfin, qu'es-tu venu faire ici ?

– Je suis venu pour braconner, c'est-à-dire prendre, en fraude, le plaisir immense d'être enfin libre. »

Le lendemain matin, il avait disparu.

Après ce départ, la vie des deux hommes reprit, délicieusement monotone, attristée cependant par cette absence qui créait, dans leur âme, un sentiment nouveau ; mais jamais ils ne s'étaient recueillis pour analyser leurs sentiments, aussi ils ne surent s'avouer mutuellement cette sensation de solitude qui les étreignait pour la première fois de leur vie.

Il ne leur plaisait plus de poser leurs collets, les fusils restaient au râtelier ; ils s'occupaient plutôt du poirier qui, sur le seuil, fleurissait : tantôt ils contemplaient longuement ses branches, tantôt ils pinçaient une fausse pousse. Les fleurs jaillissaient maintenant de partout, depuis le sentier qui longeait en corniche le mont le plus proche jusqu'au val en travers où se répercutaient des appels de coqs, des bruits de charrois et des souffles vivants qui étaient, comme l'haleine de la terre, épicés de thym et d'âcretés multiples.

Ils se mirent donc nonchalamment à bêcher le terrain, enclos de ronces folles, qu'ils nommaient leur jardin ; ils ne chassèrent quasiment plus.

Les soirs, assis sur cette dalle qu'ils avaient érigée comme un banc rustique, ils parlaient de leur apprenti ; ils murmuraient plutôt, dans le silence tiède des crépuscules, alors que les merisiers en fleur se dépeuplaient d'abeilles et que les sous-bois s'animaient de piétinements discrets, se répercutant à l'infini. Ils parlaient alors de cet absent, ils ne terminaient pas leurs phrases, poursuivant en silence leurs pensées semblables. Le spectacle du printemps leur faisait dire : « Il n'a pas ça, dans ses bureaux. » Et cela leur faisait pitié de penser que des hommes peuvent être privés de ces choses vitales que sont : la liberté, l'espace, l'oisiveté sincère et assidue, toutes ces choses qui vous développent l'âme, la pensée et aussi le corps qui se déploie sans contrainte.

Le dimanche des Rameaux, alors que les habitants des fermes revenaient de la messe, en groupes, portant des branches de buis bénit, les deux braconniers étaient allés s'asseoir sur les roches du Moutot, tout près de l'endroit où ils avaient vu venir, un mois plus tôt, celui qui leur avait dit : « Je suis apprenti braconnier ! »

Mais la campagne avait beaucoup changé depuis ce jour. Les mancennes [1] étalaient leurs petites ombrelles blanches, alors qu'un parfum safrané venait des buis qui tachaient de roux la colline.

Les pieds dans le vide au-dessus du taillis, les braconniers écoutaient la chanson fausse des merles ; en ce jour de dimanche, la forêt devenait un parc et les prés étaient des pelouses : la nature chômait, il lui manquait la

1. Viorne *(viburnum arvensis)*.

vie du travail, mais elle retentissait de la voix des cloches ; on la croyait guindée dans des atours spéciaux de fête, comme les paysans qui sortaient des églises, raides, exhalant des parfums discrets d'armoire, dans leurs grandes vestes noires, et qui montaient, deux par deux, sur les chemins fleuris, pour jeter un coup d'œil sur leurs pâtures et y planter une branche de rameau.

Tout à coup, le Rouge toucha le Noir du coude et, silencieusement, de son index tendu, il lui désigna un point sombre qui se mouvait lentement sur la friche.

Le Noir regarda : « Est-ce possible ?... »

Ils ne cessèrent d'observer ce point noir qui, lentement, grossissait.

« Est-ce possible ? » répétait l'aîné qui s'était levé pour s'accouder à une basse branche d'aubépin fleuri.

Ils tremblaient d'étonnement et d'émotion... « Est-ce possible ? »

Un léger vent effleurait les crêtes, dédaignant de descendre dans les combes, négligeant la vallée où les peupliers restaient calmes, respectant, eux aussi, l'inaction dominicale, ce doux repos hebdomadaire.

Le premier, le Noir rompit le silence.

« “ Il ” est arrivé par la fontaine de la Mialle ! » dit-il.

Le point noir montait toujours, on discernait maintenant que c'était un homme, à la marche rapide et souple. Soudain il s'arrêta et, élevant les bras, il les agita violemment, en modulant un appel sonore, puis termina la montée au pas de course.

« C'est bien lui, dit le Rouge, il nous a vus ! »

Et il répondit à cet appel par un « Oh oh ! » joyeux, retrouvant, d'un seul coup, la spontanéité de ses quinze ans.

Le Noir, plus prudent, le toucha de la main, pour l'apaiser : « Laisse », dit-il sourdement.

Bientôt l'apprenti braconnier fut devant eux. « Salut ! » leur dit-il.

Le Rouge le reçut avec joie, évidemment satisfait de retrouver ce très jeune camarade, mais le Noir lui dit : « Bonjour, monsieur ! » et ne lui tendit pas la main.

« Noir, lui dit le jeune homme, pourquoi m'appelles-tu " monsieur " et pourquoi ne me donnes-tu pas la main ?

– Vous savez, monsieur... je ne peux guère sympathiser avec un fonctionnaire ! »

L'autre se mit à rire : « Je ne suis plus un fonctionnaire ! » dit-il avec satisfaction, comme s'il se fût débarrassé d'une chape de plomb coulée sur ses épaules.

Les autres restaient muets, ils ne pouvaient comprendre qu'on pût ainsi cesser d'être fonctionnaire à volonté, ils croyaient que l'on traînait cela toute sa vie, comme un boulet.

« Je veux fêter ce beau jour, j'ai là quelque chose pour vous régaler », dit le jeune homme en frappant sur son sac.

Le Noir ne pouvait parler. Le Rouge, étonné, demanda : « Alors, tu n'es plus fonctionnaire ?

– Non, dit le petit, cette vie d'encaqué n'est pas celle qui m'avait été préparée par mes ancêtres. J'avais fait fausse route en le méconnaissant. J'ai donné ma démission. »

Il fit le geste de déchirer quelque chose en menus morceaux, puis il secoua ses mains comme pour en faire tomber une poussière puante. Les deux braconniers se mirent à rire.

Le Noir lui dit : « Alors maintenant, tu es un véritable braconnier ! Tu es même plus braconnier que nous ! »

En marchant, le petit leur dit des choses que l'on prononce dans les rêves : « Maintenant, la vie me sera douce : il n'y aura plus de veille ni de lendemain ; il n'y aura qu'un aujourd'hui, un aujourd'hui perpétuel. » Il s'arrêta pour humer les fleurs capricieuses d'un chèvrefeuille ; puis un lapin déboula devant eux, stupide, drolatique. Le nouveau braconnier fit le geste d'épauler un fusil, puis cria : « Pan ! Pan ! »

Et ils rirent tous trois.

... Du pollen frémissant flottait dans l'air ; la nature était calme comme un enfant qui s'endort...

Du sang sur la neige

Cela s'est passé dans des pays perdus, dans des montagnes âpres et si belles, quoique de modeste altitude ! C'était après les chaleurs terribles d'un bel été. Après des semaines et des semaines de chaleur, il fit bon s'attrouper au coin du grand feu, lorsque le temps des vendanges fut passé. De bonnes vendanges, faites sur une terre sèche et propre et, dans les paniers, de belles grappes saines. Les matins étaient laiteux, tendus de longs fils blancs qu'on nomme les fils de la Vierge.

À l'aube, les bûcherons qui montaient à la coupe disaient, en passant : « La belle journée encore ! » Ou bien : « Le sulo [1] ne nous a pas quittés cette année ! »

Et ils passaient, l'âme joyeuse ; dans leur voix chaude, on devinait toute la volupté de vivre le plus triomphal des automnes. C'était doux, c'était calme, la maison était plus belle, plus jaune, plus tassée dans son petit enclos bordé de ronces aux feuilles rouges, et les sorbes, ridées, attiraient des bandes de sansonnets.

Tout autour, c'était le rideau tendu des forêts aux ombres violettes.

Quelle belle combe sèche, animée discrètement par sa seule source, presque invisible, entre deux pierres ! Quelles

1. Mot du patois bourguignon : le soleil.

belles broussailles rampantes où frétillaient les derniers lézards ! La solitude devenait sauvage ; c'était le moment où l'œil se repaît de couleurs et où l'âme se gave de tiède joie, dans les douces brumes du matin.

Je marchais avec Jean le Tout-Petit. Le but de notre promenade n'était pas bien défini. Avec Jean le Tout-Petit, on ne sait jamais exactement où l'on va ; il est haut comme un lapin, ou presque, et il passe un peu partout ; il me conduit donc au hasard. En errant dans les bois, je pensais, il est vrai, cueillir des champignons, des irinums embaumés, des nudums humides et luisants et toutes les sortes de tricholomas dont les espèces se partagent les étendues, en octobre. Mais aussi, j'avais pris mon fusil, car je ne craignais pas les gendarmes. Les gendarmes ! Ce mot-là faisait rire Jean le Tout-Petit aux éclats, car on n'avait jamais vu les gendarmes dans ces coins-là. À peine les voyait-on sur le chemin qui dessert les fermes, en été, lors des incendies de forêts.

En arrivant dans le chaumeau, dans ce cirque rocheux où les lapins s'assemblent pour jouer, Jean le Tout-Petit s'arrêta, me retint par les basques de ma veste : « Oh ! dit-il, c'est beau ! »

Et il montrait la perspective de la vallée et le Beuvray au loin, avec ses trois épaulements qui le font ressembler à une bête couchée. Entre lui et nous, c'était la brume de la dépression où brillaient les clochers des villages et les plaques d'argent des étangs de Panthier, de Chazilly et de Cercey, à demi cachés par une butte.

Jean le Tout-Petit était déjà attiré par ces spectacles. Souvent, je l'avais vu rêver devant les beaux panoramas de chez nous. Puis nous descendîmes dans le sous-bois où les roches se couvrent de lierre et bientôt nous fûmes dans la cité des lapins. Les terriers ouvraient leurs petites fenêtres sur la magnifique vallée, dorée par la lumière rousse de l'automne. Tout près, à la terre retenue par les roches s'accrochaient des houx aux feuilles cruelles et, à leurs pieds, des petites venelles circulaient, conduisant aux terriers qui, discrètement, béaient.

Jean le Tout-Petit regardait avec attention ces petites ouvertures ; il me dit : « J'ai envie d'entrer dans un terrier. »

Je lui répondis : « C'est au moins une pensée originale.

– Je ne suis pas gros, reprit-il, et je suis souple. Je voudrais voir comment les familles lapins sont installées là-dedans.

– Je regrette d'être si gros et si grand, lui dis-je, car je ne pourrai pas te suivre. »

En discutant, je m'étais assis après avoir appuyé mon fusil contre un alisier au tronc bien brillant, puis je me mis à réfléchir. Jean le Tout-Petit inspectait en silence l'entrée des terriers. À la façon dont il s'y prenait, je vis qu'il était bien de la même race que moi et je me sentis envahi de joie : J'en ferai un brave braconnier ! pensai-je.

Il s'était aussi blotti à l'entrée des terriers et le temps s'écoulait ; calme, silencieux, le petit ne bougeait pas ; il prouvait ainsi qu'il savait attendre et j'en étais satisfait, car il est indispensable de savoir attendre, dans la vie, surtout pour les gens de notre condition.

Ses petits bras croisés sur ses genoux, il regardait devant lui en souriant légèrement. Tout à coup, il se leva précipitamment et vint vers moi, il avait l'air effrayé. Je l'interrogeai du regard. Je savais qu'il était encore craintif, il sortait à peine des jupons de ma femme. Il me montra quelque chose qui remuait, en contrebas. Je reconnus, s'agitant dans le taillis, la silhouette de la Poloche ; c'était une vieille folle qui se disait la petite-fille de Robespierre ; elle passait sa vie à cueillir des champignons. Bientôt, nous vîmes sa figure farouche, encadrée par le tuyauté de son bonnet sur lequel était noué un fichu verdâtre. Elle avait, au menton, une longue barbiche rousse qui s'échappait des brides de son bonnet.

« Bonjour, le braconnier ! me dit-elle, de cette voix qui terrifiait Jean le Tout-Petit.

– Bonjour, la Poloche !

– Je vois que tu veux que ton fils te succède, tu l'apprends à attendre les lapins ? »

Je n'ai jamais aimé répondre directement à ces questions précises ; je répondis simplement : « Je me repose. »

Jean le Tout-Petit me lançait un regard de chevreuil égaré. Il avait peur.

J'eus honte pour lui ; sans se baisser, elle lui caressa la joue du bout de son bâton en disant, grimaçante : « Drôle de chasseur ! Regarde s'il a peur !

– C'est que, lui dis-je, il est bien excusable, nous lui disons quelquefois : Si tu n'es pas sage, la Poloche viendra pour t'emmener !

– Je suis l'épouvantail, maintenant, reprit la vieille, mais si tu m'avais vue au temps de ma jeunesse ! les belles crinolines, les jolis petits chapeaux ! les mignonnes petites bottines !...

– Assieds-toi donc là, je t'offre un siège », lui dis-je en lui montrant le sol moussu.

Elle fit une petite pause, puis : « Tu te montres toujours généreux lorsque ça ne te coûte rien ; c'est comme les cadeaux que tu fais avec les lièvres des autres. »

J'éclatai de rire.

« Je ne peux pas m'asseoir, reprit-elle, je suis la petite-fille de Robespierre. »

Dignement, elle tendait le menton que prolongeait sa barbiche, ce qui lui donnait l'air d'une chèvre dédaigneuse et ridicule.

Jean le Tout-Petit, blotti entre mes jambes croisées, me

regardait, étonné, apeuré et confiant à la fois. Je lui dis : « Eh bien ! tu la vois de près, la Poloche, tu vois qu'elle n'est pas méchante. »

Elle le dévisagea, roula ses gros yeux rouges dans ses orbites, gonfla ses joues hâves de sorcière et gronda : « Brrrrr ! »

Jean le Tout-Petit me pinça la cuisse, de frayeur.

« Quel drôle de chasseur ! gronda la vieille. Regarde, braconnier, regarde cette face verdie par la peur... Ah ! gronda-t-elle en brandissant son bâton, ah ! je dresserais ça, moi, je dresserais ça, comme disait mon illustre grand-père. »

Je sentais le petit fondre de crainte comme un glaçon au soleil et j'en étais blessé dans mon amour-propre paternel. Des geais passaient, inélégants, se poursuivant, lubriques, en poussant des cris effrayants ; s'étant perchés sur un chêne, ils semblèrent faire écho à la vieille pour nous accabler de leurs sarcasmes bruyants.

La Poloche éprouva le besoin de me dire : « C'est égal, j'aime rencontrer des gens comme toi, braconnier.

– Qu'ai-je donc de si plaisant ? lui dis-je en riant.

– Oh, toi, répondit-elle, tu n'as rien d'extraordinaire, mais tu me rappelles mon bon vieux temps. Dans ce temps-là, il n'y avait que des braconniers, en somme. »

Elle réfléchit, puis continua, les yeux écarquillés, le bonnet en bataille : « Est-ce que ça existe, un permis de chasse ? Et qu'est-ce que ça signifie ? De mon temps, on ne connaissait pas ça et on chassait bien, cependant ! Ton grand-père a succédé à son père dans la braconne, ton père a repris le fonds ensuite, tu lui as succédé et voilà déjà que tu excites ton fils... Il est vrai qu'il est encore peureux comme une petite fille. »

Cinglé par l'injure, je vis que Jean le Tout-Petit allait pleurer et j'étais très mal à mon aise.

La vieille folle continuait : « Moi, j'aime ceux qui ne se plient pas aux lois nouvelles. Jadis, j'ai fait la contrebande des allumettes, tu le sais ; mon homme était un vrai fraudeur, un homme courageux et qui connaissait le métier, je te prie de le croire, et nous étions affiliés à une bande qui travaillait dans la région. J'ai connu les gabelous, les gendarmes, les poursuites, les ruses pour vendre nos produits... J'aimais ça, j'aimais mon homme pour ça... et je n'en ai pas lourd sur la conscience, car faire des allumettes pour les vendre, c'est un délit, comme ils disent, mais c'est pas une mauvaise action ; pourquoi qu'on nous poursuivait, et pas le boulanger qui vend du pain ? Pourquoi ? Parce qu'il y avait la Loi ! La loi !... C'est pour ça que tu me plais, la Loi, tu lui fais la nique ; t'as raison ; les bêtes qui courent sont à tout le monde, en toute saison... Continue, et surtout ne laisse pas perdre la race, fais de tes fils des braconniers, petit ! Il est vrai, reprit-elle avec une ironie cruelle, que celui-là serait plutôt une fille qu'un braconnier ! »

Jean le Tout-Petit ne pleura pas, il n'ouvrit pas la bouche, il avait l'air niais.

La Poloche, ce soir-là, était en veine de confidences, et j'eus un moment l'impression qu'on l'avait fait boire, dans la vallée.

« Vous me plaisez !... Toujours votre même cabane, au coin du bois, dans le même verger... » Elle vit mon fusil qui brillait sur le sol, elle ajouta en le désignant du doigt : « .... le même fusil ! »

J'étais étonné de voir qu'elle connaissait notre fusil, je lui dis : « Tu le connais ?

– Si je le connais ! (Elle éclata de rire.) Si je le connais ? Ah ! ah !... Gamin, si je te racontais tout !... D'abord, je connais sa chanson, braconnier, comme je connais la chanson de tous les fusils du pays, comme je connais la musique de tous tes chiens, et celle de tous les chiens, et je connais tous les pas qui s'approchent, je ne me trompe jamais... Ah ! c'est que je fus jolie, jadis. »

Elle frisottait les longs poils décolorés de sa barbe. J'éclatai de rire. « Vieille folle ! »

Tout près, à contrevent, du côté du plateau, une tête d'animal apparut, dressée au-dessus des herbes blanchies par les sécheresses de l'été. Je l'avais vue, naturellement, et la Poloche la découvrait aussi et, doucement, elle s'accroupit.

Jean le Tout-Petit, les yeux écarquillés, s'approcha de moi : « Qu'est-ce que c'est ? » souffla-t-il, la lèvre pendante.

Je le fis taire d'un revers de main qui l'envoya rouler sur le sol, en contrebas, mais, lentement, il se redressa et chercha à distinguer l'animal. Docile, la Poloche restait anéantie, derrière un petit buisson, à croupetons, les coudes aux hanches, on n'entendait que le concert des geais perchés non loin.

J'avais déjà la bête au bout de mon fusil ; c'était un lièvre qui, un moment inquiété par le bruit de notre conversation, avait repris son chemin, trottinant, bondissant avec grâce pour franchir les plus petits obstacles ; il portait haut la tête, ses oreilles étaient rabattues sur sa nuque. Je ne pus m'empêcher d'admirer son allure ; chez moi, le métier de braconnier n'avait jamais exclu un certain dilettantisme, au contraire. Il s'approchait d'un espace nu où j'aurais tout le loisir de l'abattre, je le sentais déjà dans ma poche ; c'est pourquoi je pris le temps de regarder le petit, mon fils, mon bel enfant dont les pommettes s'enflammaient.

Je voulais l'observer et savoir si sa vocation était semblable à la mienne, si la même fièvre l'envahissait à l'approche de ces instants magnifiques, en un mot, je voulais être sûr de le voir se passionner pour la vie à laquelle je le destinais. Si j'avais vu faiblir son amour de la chasse et l'intérêt qu'il portait à la nature, non, en conscience, je n'en eusse pas fait un braconnier; à contrecœur, je l'aurais conduit au sabotier et j'aurais dit au père Bouzet : « Faites-en un bon artisan », ou même j'aurais poussé le sacrifice jusqu'à en faire un savant, dans les écoles. Mais, grâce à Dieu, Jean le Tout-Petit regardait, muet, rigide comme une statue de pierre, les yeux exorbités, comme en extase, et ses lèvres pendantes remuaient, fiévreusement.

Je pris le temps de regarder ses mains, elles étaient crispées sur ses petits genoux, sales, et tout son corps était tendu joliment. Il me vint une idée splendide ; j'abaissai mon fusil et, sans bruit, je le lui tendis. Oh ! comme son sourire fut beau et pur !... Il prit avec peine la lourde machine, leva le genou gauche, le droit restant fiché en terre, souleva avec peine le canon brillant. Son geste était si sûr, si précis que, sans bruit, je me retirai pour le voir tout entier sans quitter la bête des yeux. Les dents serrées, la fièvre battant aux tempes et dans ma gorge, je sentis un sourire peureux crisper mes lèvres. Je pensais : Poloche ! Poloche ! Tu va voir !

Avec une lenteur féline, le petit posa son coude gauche sur son genou et, soutenant le canon de sa petite main, il chercha à placer la plaque de couche dans le creux de son épaule. Je me sentais rempli d'un sentiment bizarre, extraordinaire, presque maladif, qui me faisait trembler comme une femme. Tu vas voir, Poloche !... Peureux, Jean le Tout-Petit ? Ah ! Ah !...

Bientôt, je vis son petit doigt monter à la détente ; lentement, le canon se mit en mouvement pour suivre la course du lièvre, et je vis un petit œil se fermer, un petit front se plisser, comique. Tu vas voir, Poloche !...

Je n'avais plus ni muscles sous la peau, ni sang dans les veines, je sentais mes chairs trembler, ma tête bourdonner... Jean le Tout-Petit !... Mon fils !... Ah ! tu vas voir, Poloche ! Je crus, pendant une seconde, qu'il allait commettre la faute de tirer trop tôt, ce qui est le fait des débutants, mais il attendait avec calme. Bien sûr, je lui avais tant répété : « On ne se presse pas, on précède la bête avec le bout de son canon et on attend ! (Savoir attendre, c'est tout !) On attend qu'elle vienne se faire tuer elle-même. » Il suivait mes conseils, ce cher petit, ce second moi-même ! Je savais maintenant que notre dynastie ne périrait pas... Tu vas voir, Poloche !

Petit à petit, ma crainte faisait place à de la fierté, à de l'orgueil, à l'orgueil ineffable du père, car je le sentais si sûr, dans son attente ! Il semblait que les geais s'étaient tus, que la montagne entière écoutait, que le lac était immobile au fond de sa vallée pour voir Jean le Tout-Petit.

Qu'étaient les échos du monde, auprès de ce silence ! Que les soucis des hommes étaient stupides ! Plus que jamais j'en riais. Dans l'univers, il y avait : Nous, c'est-à-dire la femme, les petits et moi, et le monde entier était là, pour nous regarder évoluer dans les friches. Notre vie me saoulait.

Enfin, le lièvre fut en bonne place ; je pensai : Si je tenais le fusil, voilà le moment que je choisirais pour tirer. Cette pensée passa dans mon esprit avec la rapidité d'un chevreuil au galop, mais déjà Jean le Tout-Petit roulait sur le sol, maté par le recul trop brutal, le bruit de la détonation faisait fuir les geais ; le lièvre, foudroyé, faisait le bond de la mort, le nez plein de sang, et tombait, la moustache entre les pattes.

Poloche ! Poloche ! Tu as vu !

Pour moi, je sais maintenant que la dynastie n'est pas perdue...

Au tonnerre de la détonation succéda le silence.

La Poloche, petite-fille de Robespierre, connaissait les mœurs de la braconne, aussi se tint-elle coite, mais j'attendais là le réflexe de mon fils ; je crus qu'il allait gâcher son beau coup en courant se vautrer sur la victime, en criant sa joie, comme les chiens mal dressés. Mais, se maîtrisant avec peine, il fit du regard le tour de l'horizon, puis jeta un coup d'œil sur le cadavre prosterné sur le sol, à trente mètres, et il attendit.

Ah ! la chasse, surtout la braconne, quelle école de la vie ! Je m'étais renversé sur la mousse, le ventre en l'air.

« Ah ! ah ! Poloche ! Tu as vu ! » Et je riais aux éclats. « Ah ! ah ! »

La gueule du fusil fumait encore et je disais : « Ah ! regardez, mais regardez-moi ça... un bonhomme haut comme un lapin, mais regardez-moi ça ! »

Les geais s'étaient mis à rire aussi, mais pas moqueurs ; cette fois, ils fêtaient certainement à leur manière le beau coup de Jean le Tout-Petit. Lui, au contraire, poursuivait son but : comme il m'avait toujours vu faire, il restait immobile, surveillant l'orée du bois, et, comme l'attente pouvait être longue, il s'était assis.

Enfin, revenu un peu à lui, il tourna la tête de notre côté et sourit, ses yeux lançaient des flammes d'orgueil ; puis, fasciné, il se mit à regarder sa bête, dont on apercevait le cadavre à quarante pas à peine, entre deux touffes d' « œil d'alouette », près d'un grand caillou plat. À mon tour, je me tournai vers la Poloche. Il m'eût été facile de triompher, mais j'attendis qu'elle m'interpellât.

« Ça n'est pas mal ! » dit-elle.

J'eus un air dédaigneux, car je savais que Jean le Tout-Petit me surveillait : « Ça n'est pas mal, mais il y a eu faute.

– Tu es trop difficile, braconnier ; ton fils sera un bon fusil !

– Il faut ça ! »

Le petit se rengorgeait. Je ne voulus pas renchérir par un compliment, car sa joie et sa fierté lui suffisaient. Enfin, n'y tenant plus, il se leva et courut ramasser le lièvre, long comme lui ou presque, et il le caressait, visiblement ému.

La Poloche reprit son cabas qu'elle avait, dans sa précipitation, jeté dans le buisson. D'un coup d'ongle, elle égrappa dans sa main fermée des graines acides d'épine-vinette et, lestement, les jeta dans sa bouche pour les croquer avec une grimace.

« Je m'en vais, dit-elle, viens que je t'embrasse pour ton premier lièvre. »

Elle attira l'enfant et lui promena sa barbiche sous le nez ; alors il se produisit une chose extraordinaire : Jean le Tout-Petit se laissa toucher par la vieille sorcière, sans frayeur il s'approcha d'elle. Je ne le reconnaissais pas, lui que cette vieille femme effrayait tant.

Il lui dit même, moqueur : « Tu piques ! »

Elle fut froissée :

« Oui... mais je fus belle, jadis ! »

Jean le Tout-Petit n'avait plus peur de la Poloche.

Puis, lorsqu'elle fut loin, occupée dans sa friche immense à cueillir des irinums qu'elle appelait des « ombrelles de Jacob », il s'écria : « La prochaine fois... » et il se mit à faire des projets. C'en était fait, j'étais heureux, car ma succession était assurée.

Le retour, par les sapins de la Combe Oyard, fut un triomphe. Il marchait sans mot dire. Dans l'obscurité qui montait de la terre comme un mauvais brouillard, je le vis qui regardait ses doigts, qui les humait en frissonnant. Il les considéra longuement en silence. Un liquide gras et luisant les souillait.

Arrivé au coin de la Grande Futaie, je l'entendis me dire d'une voix extraordinaire, nouvelle, déjà ferme et cruelle dans la brume opaque du soir :

« Papa, j'ai du sang sur les mains ! »

« *Il se croit grand... mais il est petit*[1] »

1. Les Très Saintes Écritures.

En montant le sentier qu'il avait créé à force de passer comme un renard coutumier, le petit homme sentait monter en lui une joie peu commune. C'est que, de cet endroit, le Domaine lui apparaissait en entier, étalé sur la fesse de la colline, sous la forêt, au fond de la combe délaissée.

Le Domaine était son ami, plus exactement son enfant, puisqu'il était en train de le faire à lui tout seul comme une laie fait ses marcassins, en secret, dans le fond d'un ravin.

Il gravit la dernière pente, les graminées le fouettant aux jambes, et s'arrêta un instant sur cette frichotte [1] qui dominait la combe. Un petit vent sec comme un vin blanc du cru se faufilait à travers les poils de ses mollets.

Les ruines de la ferme commençaient à se dégager de ce fouillis de ronces et de vermine qui précède l'emboisement. On voyait bien que les bâtiments avaient été pris à la gorge par ces lianes et ces végétaux et l'on sentait que, sans le gros travail que l'homme avait entrepris, les cours, les vergers, les terres auraient bientôt été mangés par la forêt bourguignonne, et quel repas, mes amis ! Les seuils avaient croulé, soulevés par des racines, les murs s'étaient éboulés, poussés par les arbres et sapés par les lapins et les renards. Et lentement s'était approchée la masse forestière,

1. Petite friche.

qui se proposait tout bonnement de dévorer le hameau déchu où ne chantait plus que la chouette.

Mais le petit homme était venu pour mettre le holà. Cette combe, apathique et rongée de solitude depuis les temps d'opulence, l'avait vu venir et, en souriant de mépris, avait entendu ses premiers coups de cognée. Oui, à n'en pas douter, c'était de mépris qu'elle chantonnait à mi-voix. « Quel prétentieux, ce petit homme ! Regardez-le, haut comme une gerbe ! C'est celui-là qui veut troubler ma somnolence ? Laissez-moi rire ! Renards, trottez en paix ; chats-huants, ululez au calme et ne craignez point. Je le mangerai, ce petit homme, je le mangerai, ni plus ni moins. » Et les geais rigolaient à pleine gorge.

Pourtant, non seulement la forêt avait été tenue en échec par le petit homme solitaire, mais elle avait reculé sur un large front et le Domaine, on le sentait, ressuscitait chaque matin un peu plus.

Donc, ce jour-là, le petit homme se dirigea vers son chantier, posa ses outils et ses provisions près de la source qu'il avait depuis longtemps apprivoisée, alluma son feu, pendant que la nuit tombait, et écouta son Domaine. Silence ancien, fait du murmure de vieux végétaux accoutumés à la solitude où l'on sentait passer la pieuse et rigoureuse haleine des moines défricheurs de jadis et, plus bonhomme, la chanson des derniers habitants disparus du hameau.

Pendant que chauffait sa soupe, sur un coin de brasier, il se leva et se mit à parcourir son œuvre enfantée dans la douleur, alors que les arbres et les pierriers se poussaient du coude. Après avoir cassé la croûte, il monta dans la friche au-dessus des bâtiments et regarda son chantier qui, comme une pelade, mordait hardiment sur la toison des forêts. Ce spectacle, chaque fois plus réconfortant, le réjouissait, et la combe l'entendit parler :

« Ainsi, se disait-il, ainsi lorsque j'aurai fini d'arracher les souches là-bas sur la gauche, je reconstruirai une maison et une étable, pour commencer. Je pense que cela sera suffisant, au début, pour abriter la femme et les petits. Puis, j'élargirai les dépendances, ferai une grange et une soue à cochons, ferai un atelier pour forger et réparer les outils, un appentis pour les y loger, ferai une écurie, une laiterie et peut-être construirai un autre logis que je louerai à la saison à des vacanciers auxquels je vendrai mon miel, mon fromage, mes fruits et ma belle humeur. »

Sous les herbes, il heurta du pied un morceau de ferraille qu'il ramassa : c'était une vieille cafetière rouillée, jetée là par les anciens. « Ainsi, ils vivaient là... », se dit le petit homme, le nouveau petit maître des lieux, « ils vivaient là, pieusement, grillés par tous les soleils, au fond de cette combe si secrète ! » Et cette pensée lui retourna les sangs, comme une jalousie soudaine.

Il s'y voyait aussi, dans cette combe, quelques années plus tard, ayant élargi ses emprises et gagné, à force de sueurs et de peines, sa liberté, toute sa liberté d'homme. En ce temps-là, à la source ne coulerait plus de l'eau simple et froide et fade, mais une liqueur un peu forte et délicieuse. Il entendrait craquer de toutes parts son corset d'indigence et de servilité, et il imaginait ses enfants l'aidant à la reconstruction d'un patrimoine.

Un patrimoine ! Cette chose qu'il ne connaissait pas, fils d'ouvrier n'ayant reçu en succession que les rancœurs, les dégoûts, les lassitudes héréditaires de l'homme de l'usine, auquel il devait en outre son crâne mal empoilé et ses tendances révolutionnaires.

« Peu de chose, disait-il en continuant sa promenade : il me faut un peu de terre, un verger, des bâtiments, un petit bétail, une chambre à four et de bons greniers. Voilà qui me suffira amplement. L'eau de ma source pour boire, une feuillette de mon vin peut-être si ressuscite la vigne qui florissait là, dans le temps. Le laitage de ma vache et de mes trois chèvres, les œufs de mes poules et le bois, le bois profus de ma friche et des communaux. Voilà ce que je demande et rien de plus. Mais en sus, gratuitement, ce ciel tout nu au-dessus de nos têtes, le droit de respirer dans ces espaces vides, d'estourbir de temps en temps un lapin de garenne, la possibilité de tresser des paniers, en guise de repos, et de me verser, dans les soirs d'ombre, des rasades de douceur et d'indépendance. »

Les arbres le virent, plutôt que d'aller se coucher dans la hutte qu'il s'était construite, s'asseoir sur un petit mur qu'il venait de mettre au jour, et les lapins se retinrent de venir tenir cour d'amour, le cul dans la rosée.

On aurait pu croire qu'il rêvait aux étoiles mais on ne rêve pas lorsqu'on ressuscite un domaine comme Christ résurgeant son Ladre [1]. Il répartissait gravement son temps, partageait sa terre en esprit, organisait par avance son travail en laissant, ainsi qu'il avait appris à le faire en ces deux années de labeur, une large part à l'imprévu, à la pluie, à la neige, à la maladie, à la loi et à la crevaison des lapins.

Ayant ainsi fait, il se leva : « Dans deux ans, cria-t-il afin qu'aucun chat sauvage n'en ignore, dans deux ans, tout cela sera réalisé et je serai un citoyen du monde. » Les arbres se le répétèrent de feuille en feuille ainsi qu'ils le font pour annoncer la mort d'un chevreuil ou l'avènement du printemps. On aurait dit que la combe frissonnait devant son nouveau maître.

C'est que, depuis le premier coup de cognée, les choses avaient bien changé et la combe se sentait matée comme une grosse mafflue que charme un mince époux, sans bruit, avec persévérance, fermeté... et le reste.

1. Lazare

Il fut tout prêt d'être un peu saoul à la pensée qu'il allait vaincre, lui, le « toujours vaincu ». Non pas qu'il eût une figure à séduire les nymphes du cru, mais parce qu'il lui semblait qu'enfin il avait rencontré pour la première fois de sa vie une belle Dame aux yeux doux : la Chance. Il pensait aussi à tous ces paysans du village qui lui disaient, deux ans plus tôt : « Vous vous attaquez à la Combe Morte ? Vous n'avez peur de rien ! »

Il pensait encore au braconnier qui, après l'avoir regardé œuvrer pendant une bonne heure, lui avait dit à son premier séjour : « ... pourra dire [1] que t'en auras étonné du monde, toi ! Lorsqu'on t'a vu t'embarquer dans cette affaire, les uns ont ri, les autres ont dit : " S'arrêtera avant d'avoir regagné une ouvrée ! " " N'ira pas loin, le petit homme ! " ... N'ont pas vu, comme moi, brasiller les épines ni s'affaler les ronces... n'ont pas vu tomber les grands arbres ni se dépoiler le versant, mais, lorsqu'ils t'ont vu charrier sur la route tout ce bois, tous ces fagots et emprunter une jument par-ci, une défonceuse par-là, tout le village est monté pour voir. Ils avaient choisi un jour où tu n'y étais pas. Les femmes sont restées sur le chaumeau, ébahies de voir ce qu'un homme peut faire à lui seul, et les hommes sont venus jusqu'à ton chantier pour juger la qualité de ton travail... Sont redescendus dans la vallée en hochant la tête et en disant : " L'est dans l' cas d' gagner la partie, le p'tiot ! " »

Il se souvenait fièrement de ces paroles. Il se souvenait aussi de ce que le braconnier avait ajouté : « Maintenant que je te vois travailler, je comprends que tu gagneras à coup sûr ! Le plus dur est fait, te voilà presque sauvé. Pas étonnant que tu remues comme une sauterelle dans un brasero ! »

De fait, il avait travaillé avec méthode et ardeur sans

1. « On pourra dire. »

perdre de temps à boire et sans flâner, et déjà la rumeur le récompensait de sa peine. Demain, lorsqu'il aurait construit l'essentiel, que bondiraient les chèvres dans les murées, que brouterait la vache dans le pré tout neuf et que sécherait le linge, en claquant de joie au vent, il pourrait entendre des paroles bien plus flatteuses encore et, s'il n'avait entrepris ces travaux que pour sa satisfaction intime, son orgueil ne se gonflait pas moins à la pensée de tous ces gens qui monteraient de la vallée pour voir renaître la Combe Morte. Il les entendait déjà dire : « C'est un rude gaillard, celui qui a fait ce miracle ! »

Ces pensées, et d'autres encore, par exemple imaginer ses petits buvant du lait à volonté, se roulant au soleil sur *son* herbe, se représenter sa femme, vêtue légèrement, rinçant sa lessive dans l'eau courante de *sa* source et lui-même, courbé avec amour sur *sa* terre, tout cela lui tint lieu de sommeil et les genévriers le virent rester ainsi, dans la nuit tiède, sourd à tous ces bruits mystérieux qui se multipliaient, de proche en proche, comme une rumeur de complot.

Il en arriva même à s'enivrer de pensées plus orgueilleuses. Il se voyait déjà visité par des journalistes et photographié sur les journaux sous un titre admirable : « Un retour à la terre », puis, plus bas, en lettres plus petites : « Un ouvrier d'usine reconstruit un domaine abandonné »...

Il allait jusqu'à imaginer le texte de l'article : « Au fond des montagnes bourguignonnes, un jeune père de famille, luttant seul contre la nature, a réalisé une œuvre remarquable... »

On l'aiderait aussi, sans doute, car un tel effort, comme disent les gouvernants, mérite d'être encouragé ; c'est un de ceux grâce auxquels on reconstruit le Pays (ce Pays qu'il faut sans cesse reconstruire). On lui donnerait une prime, peut-être, ou bien une allocation, un don, une subvention, que sais-je ? pour ses quatre petits enfants, bientôt cinq. Enfin, sans lui faire un pont d'or, ce qui l'eût amolli en lui retirant du flanc l'éperon du besoin, on lui faciliterait sa tâche, dans une certaine mesure. Et partout, on l'encouragerait du geste et de la voix, ce qui, malgré tout, ne fait point de mal et vous paie en quelque sorte de vos peines.

C'est ainsi que le froid du matin le surprit, couché dans l'herbe. Aucun oiseau ne chantait encore. C'était l'heure où les chevreuils regagnent le fond des bois. Le ciel était laiteux et les monts encore gris : la bonne heure pour tomber la chemise et cogner sur les plus gros troncs. Il prit une collation et, crachant dans ses paumes, saisit l'outil et se mit au travail.

Les arbres tombaient, les uns après les autres, et gisaient côte à côte, alignés, prêts à l'élagage. Lorsqu'il en eut abattu un rang, il prit la serpe et se retourna, selon son habitude, pour voir le chemin parcouru : le soleil maintenant mordait sur le versant d'en face et tout s'égayait de chants et de cris ; plus près, le verger glissait en pente, fraîchement nettoyé de tous ces rejets et épines qui ruinaient les bons arbres. Enfin, tout près, la meilleure bâtisse, dont le toit seul était crevé, naissait à la lumière, nouvellement dégagée.

« De la pierre pour construire un château-fort », gloussa le petit homme, débordant de joie.

Sur la gauche, il vit encore les deux mauvais pans de mur qu'il se promettait d'abattre au plus tôt. Il ne prit pas garde au silence qui se fit dans la combe lorsque, pour se délasser, il s'approcha de cette ruine, en fit le tour, la toucha du doigt, puis pénétra dans les éboulis.

Il n'entendit plus rien, même le murmure de la source s'était tu. Sur les murs qui subsistaient, il lut des traces de foyer et des inscriptions, des initiales enlacées ainsi que des dessins maintenant illisibles. Sur un plâtras encore solide, il lut : « Maria Lechat a écrit cessi, en champ les moutons du Léonce Bachelot », et une date : 1888. Puis, juste à la clef du manteau de la cheminée, un petit nain dessiné au charbon, avec un gros nez et, au-dessous, on lisait : « Il se croit grand mais il est tout petit. »

« Démolir ça d'abord, dit-il à mi-voix, pour me donner du champ et y voir clair ! »

Il s'en fut poser la serpe et prendre sa longue barre à mine qu'un carrier de ses amis lui avait prêtée. Ainsi armé, il fit un tour à l'intérieur de l'ancien bâtiment, frappant le sol du talon afin de s'assurer qu'une cave n'existait pas, masquée par les déblais.

Tout à coup, son talon rendit un son plus clair. Plus loin, cela résonnait comme un tambour. Il s'accroupit, regarda le sol, y mit la main puis, s'étant relevé, l'attaqua de sa longue barre. En peu de temps, il eut dégagé et mis à nu de petites dalles irrégulières qu'il lui fut aisé de desceller. Lorsqu'il l'eut fait, il en souleva une et découvrit une cavité. Cela l'amusa : « Un trésor y serait bien caché », dit-il en ricanant à haute voix.

Il n'entendit pas le ricanement qui lui répondit, sans doute celui de l'écho, pendant qu'un bruit de griffes grinçait sur les cailloux.

Il se baissa, sonda de la main la cavité et, ayant découvert qu'elle prenait la direction de l'âtre, il la suivit lentement, levant une à une les dalles qui la recouvraient.

En travaillant ainsi, il riait en pensant au trésor. « Après tout, pourquoi pas ? » s'amusait-il à dire sans y croire. Il se prit au jeu et travaillait avec ardeur. « Si je trouvais un magot, quelle aubaine ! Et il n'y aurait rien d'impossible :

qu'un vieux solitaire soit mort ici, le dernier survivant du hameau, et qu'il ait caché là seulement vingt pièces d'or et je suis un homme riche ! »

Plus loin, il sentit du bout des doigts quelque chose au fond de la cavité mais la dalle qu'il fallait arracher alors s'engageait quelque peu dans la muraille et il ne put l'ébranler. Il tenta d'atteindre l'objet et, le frôlant à peine, crut cependant reconnaître une cassette ; il lui sembla même reconnaître une poignée comme celle d'une malle. « Ça par exemple ! » dit-il d'un air gêné, comme si son arrière-grand-père l'eut surpris couché avec la femme d'un autre.

Alors, à grands coups, il tenta de briser la dalle qui ne broncha pas ; enfin, il enfila patiemment la barre à mine sous cette dalle et, par à-coups, la fit lentement sortir de son logement. « Seulement vingt louis, et je fais une pièce de plus à ma maison et j'achète une jument. »

Puis, tout en travaillant, il se reprenait : « Ne soyons pas si naïf ! Ne comptons pas là-dessus ; ceux qui sont morts là ne devaient pas avoir un sou vaillant. Tu as bien mieux que ça dans tes muscles et dans tes veines. Rien ne vaut ton travail et ta volonté. »

La dalle était maintenant descellée, il la sentait crouler à son aise à chacun de ses efforts : « Dentiste, je suis le dentiste qui cure les dents creuses de la combe. »

Il se baissa sans penser à autre chose qu'à ce trésor enfoui sous la cheminée. « Si c'en est un, pensa-t-il, je ne dirai rien à personne et chacun croira que mon aisance me vient de mon travail ! »

Qui de nous n'a imaginé un enrichissement subit dont on profite sans bruit, à l'ombre de son verger, dans son petit bien, sans en parler à quiconque et dont, à la fin, on s'attribue le mérite comme si on l'avait bel et bien gagné ? Mon Dieu ! Tout cela est si naturel et les vieilles masures comme celle-là réservant tant de surprises ! N'avait-il pas trouvé, déjà dans les ruines, une statuette en pierre qui pouvait fort bien avoir de la valeur et qu'il gardait pour la loger en une niche prévue à cet effet sur ses plans ?

Il remuait toutes ces pensées en sa cervelle en allongeant le bras pour saisir ce qu'il croyait être un coffret, mais l'objet glissait un peu plus loin à chaque effort.

Enfin, il se décida à lever complètement la dalle. Il engagea la barre à fond et souleva de toutes ses forces. On entendit alors un craquement, la dalle venait de céder. Il s'accroupit fiévreusement et plongea le bras dans la cavité démasquée.

Alors, lentement d'abord puis de plus en plus rapidement, le mur entier, sapé à sa base, chancela tragiquement. On aurait cru voir une mâchoire énorme se refermant sur une crotte en chocolat. On n'entendit pas un cri ; seul un sourd grondement alla se répercuter dans la combe, pendant qu'une colonne de poussière s'élevait à l'endroit du sinistre.

La physionomie des lieux avait à peine changé. Quelqu'un qui eût regardé du haut de la crête ce cul de combe n'eût même pas vu ce petit tas de cailloux, bientôt envahi d'orties fraîches et de nouvelles ronces, en attendant qu'un hallier en sortît, d'où naîtraient, avec le temps, un ou deux beaux arbres triomphants dans les joyeux printemps du Monde.

À y regarder de plus près, on aurait pu cependant voir un éboulis sinistre, couronné d'un plâtras ironique où on lisait : « ... cessi en champ les moutons du Léonce », et, plus loin : « ... se croit grand, mais il est petit »... Là-dessus, la forêt vous avait l'air d'un chat sauvage repu qui digère, au chaud, en se léchant les babines.

Peut-être qu'à bien prêter l'oreille, on eût entendu l'âme du petit homme flotter au-dessus des friches comme le cri des grillons, tandis que son corps, reposé de toutes ses fatigues, disait doucement : « Que je suis bien, en mon Domaine, Seul, Seul, avec mon Rêve, Seul, à jamais, loin des orateurs, des journalistes, des économistes, des reconstructeurs de pays. Seul, comme tous mes frères, en mon impuissante bonne volonté. »

Table des matières

Cet ouvrage a été réalisé par la
SOCIÉTÉ NOUVELLE FIRMIN-DIDOT
Mesnil-sur-l'Estrée
pour le compte des Éditions Anne Carrière
104, bd Saint-Germain 75006 Paris
en décembre 1997

Imprimé en France
Dépôt légal : octobre 1997
N° d'édition : 0088 - N° d'impression : 41268